푸른 벽돌 계단

푸른 벽돌 계단

초판 1쇄 인쇄 | 2025년 12월 25일
지은이 | 김명호
펴낸이 | 이재욱(필명:이승훈)
펴낸곳 | 해드림출판사
주소 | 서울 영등포구 경인로82길 3-4(문래동1가 39)
센터플러스빌딩 1004호(07371)
전 화 | 02-2612-5552
팩 스 | 02-2688-5568
E-mail | jlee5059@hanmail.net

등록번호 제2013-000076
등록일자 2008년 9월 29일

ISBN 979-11-5634-661-6

김명호 시집

푸른 별 계단

해드림출판사

시인의 말

해안에 앉아
눈 감아도 보이는 원고지들
아직은 어설픈 문장에
물결이 무너집니다

창공을 비상하는 물새의 날갯짓처럼
햇살 빛 희망을 품고
깊은 내면의 소리를 듣는
거침없이 밀려드는 파도처럼
파란빛 율동을 품고
경계 없는 계단을 오르는
참신한 시도의 즐거움이 있었기에

산처럼 바다처럼

혼자만의 것 아닌 인연의 사람들
인연 아닌 사람도
함께 나누고 싶은
봄빛의 마음입니다

차례는 마음 동하는 대로
구분해 보았습니다

배려 깊으신 노유섭 교수님
응원해 주시는 문우님들
발문을 보내주신 선생님들께
은혜로운 감사드립니다.

봄 바다에서
2025년 4월 김명호

발문

예인 김명호 시인은 올해 88세로 청춘을 누리시는 100세 시대의 선구자다. 생애청춘에 걸맞게 시집 '푸른 벽돌 계단'을 위풍당당하게 출간하신다. 시집의 제목은 '장 미셸 오토니엘' 작가의 전시 작품에서 영감을 얻었다고 하셔서 예술에 대한 감각 또한 시대의 최첨단을 걷고 계신다. 연륜이 깊어질수록 영롱하고 아름다운 불꽃을 피어올리시는 모습에 감탄과 더불어 저절로 존경심에 고개 숙여진다.

시인의 시 '우분투의 시간'에서는 벽타기의 달인 클라이밍 선수들의 도전정신과 시인의 심연에 자리잡은 인간애를 엿볼 수 있다. 기백이 살아 숨쉬는 작품이다.

시인의 시 '렛잇고'는 전쟁의 아픈 마음을 달래기 위해 일곱 살 아멜리아 우크라이나 소녀가 겨울 왕국 렛잇고를 부르는 장면을 묘사하고 있다. 왜 전쟁을 해야 하는 건지, 평화를 갈망하는 시인의 간절한 마음이 독자의 심장으로 전해져 온다.

'반딧불이가 웃는다'에서는 시인의 시각이 남다르다는 것을 알 수 있다. 서울 야경을 '영화 속 우주선'으로 표현하고 있다. 무수한 빛들은 반딧불이가 되어 한 폭의 동화를 꾸미고 있다. 시인은 AI 시대를 마음껏 향유하고 있다. 놀라운 적응력이다.

예인 김명호 선생님은 후학들의 귀감이 되시는 고귀한 분이시다. '푸른 벽돌 계단' 시집은 예사롭지 않다. 시집 상재를 진심으로 감축드리며 오래오래 후학들의 곁에 함께 하시기를 기원드린다.

시인 김용화 배상

발문

김명호 시집 상재 축하 글

김명호 시인의 시는 마치 우리 가락이 피아노 건반 위를 걷듯, 시 구석구석에 춤사위를 펼치고 있습니다.

그 속에는 우리 삶의 아름다움이 뿌리내려 있어, 슬픔과 우울, 기쁨과 즐거움의 회상 속에 개인의 역사와 시의 가락이 의연히 숨 쉽니다.

시를 읽다 보면

"비정非情도 환희로 바뀌는 생의 희열이었지"

"쉼표가 들숨 날숨 내쉬며…… 아직 거무죽죽한 가로수도 둥싯대고 카페에선 여유로운 음률이 흐른다."

마치 한국의 판소리 같기도 하고, 다시 들으면 꿈의 왈츠처럼 고급스러운 시가 춤을 추는 듯합니다.

팔십대에도 불구하고 시를 창작하시는 열정과 건강미는 제 인생의 로망이자 부러움입니다.

이번 시집 상재를 진심으로 축하드립니다.

김명호 선생님은 강인한 어머니상을 지니신, 온화하고 고귀하며 단아하신 분이십니다.

시집을 펴내시느라 애쓰셨습니다.

정말 대단하시고 위대하시며, 기네스북에 오르셔도 손색없는 훌륭한 시인이십니다.

늘 함께할 수 있어 행복합니다.

시인 채인숙 배상

차례

2

3

4

5

6

My Drama
— マイドラマ —
世界の友の体験談

70代で詩作を開始 80代で初の詩集を発刊

"人生の第2幕"を生き生きと

韓国SGI 金明鎬さん

ギリギリの暮らし

私は、詩人として活動しています。一昨年には、念願だった詩集を出版することができました。

84歳になった今でも歩くのは速いし、声にも張りがある。「お若いですね」なんてよく言われます。きっと日々の学会活動で、青年たちと触れ合う機会が多いからでしょうね。

ソウルで生まれ育ちました。子どもの頃は、父の事業がうまくいっていたので、何不自由ない生活を送っていました。

私が小学生の時に、朝鮮戦争が勃発（1950年6月）。近くでも爆撃があり、まだ首が据わっていない弟を抱えて、両親と共に逃げました。しばらく避難生活を送り、戦争が落ち着いてから再び故郷のソウルに戻りました。混乱の中、父の事業が傾き、苦しい生活を強いられるように。その後、高校卒業後には家計を支えるために就職。やがて、結婚しました。

けれど、生活はなかなか楽にならない。夫は自営業を営んでいましたが、真面目に働いても全然稼ぎが足りないの。

"きょうのご飯が食べられても、明日は食べられるか分からない"という、ギリギリの暮らしでした。その上、私は病弱で、寝込んでしまうこともしばしば。2人の幼子を抱えていたので、夫にはずいぶん家事を手伝ってもらいました。

そんな私が、初めて仏法の話を聞いたのは、1975年のこと。アメリカでSGIに入会した親戚がいて、「南無妙法蓮華経を唱えれば、必ず願いがかなう」と教えてくれたんです。別の宗教をやっていた私は、"もしかなわなかったら、あなたたちが、今、私がやっている宗教に入ってもらうわよ"と言って（笑）、半信半疑で、信心を始めました。

ところが、びっくり。お題目を唱えると、どんどん生命力が湧いてくるではありませんか。顔色が良くなり、床に伏す日が減りました。家事もできるようになって、"この信心はすごい！"と身をもって感じました。

奥深さに引かれ

2人の子どもは、自然に入会しましたが、夫は当初、信心に反対。しかし、私が元気になる姿を見て、後に入会しました。

それからは貧乏を乗り越えるために、家族一丸となって学会活動に駆けました。当時、丘の上にある小さな家に住んでいましたが、広布の会場として使ってもらいました。顔を紅潮させて、意気揚々として集うメンバーの姿は今でも忘れられません。

福運を着実に積んでいたのでしょう。夫も徐々に安定した収入を得られるようになり、経済状況はいつの間にか良くなっていました。韓国経済の成長と歩調を合わせるように、ついに持ち家を手にすることもできました。

子どもたちもそれぞれ独立。今では5人の孫にも恵まれ、[illegible]部や学生部のリーダーとして活躍しています。本当に幸せです。

そして2011年、73歳になった頃に、新たな挑戦を始めました。以前から関心があった東洋絵画を学ぼうと、地域の福祉センターへ。そこには詩を学べるセミナーもあり、興味をそそられました。受講してみると、とても面白かったのです。

文学団体が開催したイベントに出演する金明鎬さん

詩の勉強を始めると、その奥深さに感嘆しました。韓国の詩には"自由詩"と、日本の短歌のような"時調"があり、どちらも表現が美しい。どんどん魅力に引かれました。

講師から「詩を作るのがお上手ですね」と褒められて、少しずつ公募展への応募も始め、賞を頂けるようになりました。詩人協会にも所属し、詩の発展や地域社会への貢献にも力を注ぎました。

ところが、17年に夫が急に倒れ、2カ月で帰らぬ人に。心にぽっかりと穴が空き、憔悴しました。

そんな時、「韓国SGI平和文化賞」を受賞したのです。池田先生から励ましを頂いているように感じました。奮起して、"私の人生第2幕はここからが始まりだ"と心に決めました。文芸の世界で必ず、結果を残すことを誓いました。

優れた内容が文学賞に輝き スペイン語に翻訳も

さあ、これからだ

一編の詩を完成させるのは並大抵のことではありません。ペンが進まないこともありました。

くじけそうになるたびに、「もうこれ以上できない——そこでやめるか、『いよいよ、これからだ』と立ち上がるか。このわずかな『一念』の差が、人生の大きな分かれ目になってしまうのである」との先生の言葉を思い起こし、前に進みました。

一念が定まると、不思議なもので、次々と結果が出ました。20年6月には、詩人・尹東柱の名を冠した「尹東柱文学賞」の最優秀賞を受賞。翌年には「タゴール文学賞」の優秀賞を受賞しました。

最近では、韓国の詩を外国語に翻訳する試みも行われていますが、詩の協会で選ばれ、私の作品がスペイン語に翻訳されたことも。人より遅いスタートにもかかわらず、結果を残せたことで、深い使命を感じました。

一昨年に出版した詩集と、作詞を手がけた歌が収録されているCD

もちろん、婦人部総合本部長として学会活動にも一歩も引かずに取り組んでいます。先日は、仏法対話をしていた詩人仲間3人が、入会を決意してくれたんですよ。

詩人としての人生は、始まったばかり。これからも全力で詩作に励み、"生涯、先生と共に"との思いで歩んでいきます。

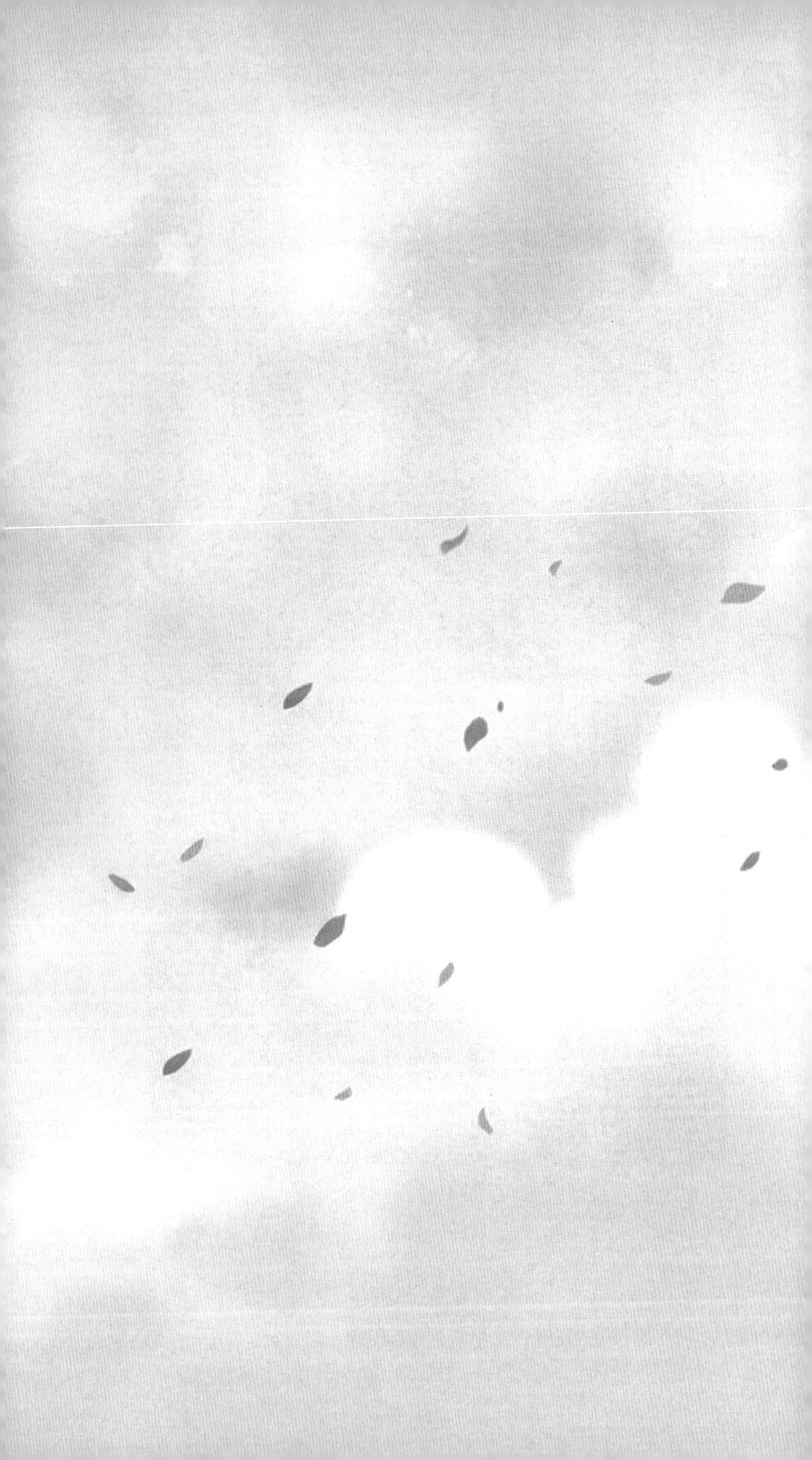

1

홍도

비바람 속에 버려져
거세게 너울대는
너의 마지막 울음을
붉은 빠돌밭에 잠재우는
바다에 누워

태양을 향해 빨갛게 토해내는
너의 심혼이
서른세 송이 바위꽃으로
솟아올랐는가

머나먼 여로에 지쳐
네 어깨에 기대고 싶은
가슴 가슴 마다에

시공의 좌표 아름다운
천만각 산호 보석의 빛으로
등대되어
무지개 꽃불을 밝히는가

바다를 딛고야
하늘을 받쳐 든

붉은 한 점 홍도여
나 그대의 넋이고 싶어라

봄의 변주곡

푸른 바람이 옷소매를 스치는 건널목

등록금이 고민스러운 노랑머리 남학생
징징대는 어린애 달래느라 애타는 엄마
취업 소식 기다리는 마음 조급한 여학생
맨발에 슬리퍼 끄는 용돈이 부족한 젊은이
부츠 굽이 높은 뉴패션의 멋쟁이
손주 말투가 마땅찮은 뒷짐 진 할아버지
세상 고민 혼자 다 짊어진 듯 어깨 처진 중년남자
모두가 초록색 신호등에 등 떠밀린 듯
횡단보도의 건반을 밟는다

한 걸음씩 내디딜 때마다 검은 키(key)가 된 신발들이
봄의 왈츠를 연주한다
냇물 소리 새소리 명랑하게 조잘대고
마른 풀섶 살아나 연둣빛으로 춤추면
줄리안 오피의 발걸음들
피아니시모 포르테 스타카토로 조율하며
얄궂은 음표들이 왁자하다

쉼표가 들숨 날숨 내쉬며
하늘호수에 흰 구름 드리우면

아직 거무죽죽한 가로수도 둥싯대고
카페에선 여유로운 음률이 흐른다

* 줄리안 오피~서양화가 Walking in Sinsa-dong 외

그래도 살아나서

섭씨 40도를 육박하는 폭염
G에이스 앤드타워 1차 건물 옆 뜰에
넓이 515cm 폭 165cm 높이 190cm의 실외기
주황에 가까운 샛노랑 바탕에
까만 고딕체 글씨로 쓰여 있다
첫 줄 '에이스 앤드타워 1차'
둘째 줄 '〈- 주차장'

4칸으로 나뉘어 바람 쏟아내는 60줄 틈새
웅장한 굉음 소리와 함께 속도 빠른 바람손
잡풀들 뽑아버리려는 듯 거칠게 휘저어댄다
그 좁은 땅에 뿌리내린
50cm 키의 강아지풀과 70cm 갯질경이풀의 수난이
난장을 치는 시간

판자촌 철거, 코로나19의 돌파 감염
아니 나치의 가스실 홀로코스트가 연상되는
막강한 파워의 마풍
간질병 환자처럼 흔들리며 쓰러져도
뿌리 뽑힐 듯 뽑히지 않고
첨단 기계문명에 항거라도 하듯
눕고 일어서기를 반복하며

외치지도 무엇을 붙잡지도 못하고
찢기고 떨치며 감내할 뿐

제 색을 잃고 누렇게 떴어도
바람 멎으면 언제 그랬더냐 싶게
작은 이삭과 꽃망울 조랑조랑 달고
푸르게 서 있다

위대한 단련

벤저민 프랭클린을 아버지로
1950년 경 세상에 태어난 아들 피뢰침
옥상을 딛고 선 지극히 날씬한 몸매
머리엔 예리한 침을 꽂고
사시사철 허공을 찌르고 섰다

푸른 하늘은 물론
작열하는 햇살과 차가운 달과 별
먹구름, 돌풍까지 응시하며
폭우에 온몸을 적시고
폭설에도 맨몸이 되는 너
높은 건물 지킴이로 목숨 바쳐
낙뢰를 삼키느라 여념이 없다

그렇게 단련된 영혼이
번개와 천둥을 두려워하겠는가

붉은 도깨비, 푸른 제트, 요정들
행운의 낙뢰,
맑은 하늘에 비치는
벼락에 시달려도 거침이 없다

저 위대한 단련의 세월
시베리아의 엄청난 한파에도
태양보다 더 뜨거운 환희로
피어오르리라

디카의 도플러 효과

마을버스 정류장은 아바타인간형의 물결
첨단의 시간 누리는 직장인들
마스크 패션이 멋지다

디지털로26 네거리에서부터
디지털타워, 마리오타워
탑프라자 앞 42층의 G타워, 다섯 빌딩이
유리벽으로 서로 비춰 인다라망처럼
건축된 거리

AI와 IT의 파노라마는
거리에서 사람에게로 팽창
눈부셔 귀부셔 심연까지 울린다

허공을 수직으로 자른 빌딩들 사이
하늘의 오솔길에
굉음을 앞세우고 시야로 들어오는 검은 한 점
속도 빠르게
솔개의 날갯짓, 상어의 몸통으로
톱날 같은 이빨의 아가리 벌려
삼킬 듯한 소리 진동하며
긴 꼬리 끄는 듯 사라져가는 소리

정갈한 아스팔트의 네거리 푸른 신호등에
오토바이의 불붙는 듯한 엔진 소음을 마시며
생에 중첩되어 오는 도플러 효과를 곱씹어 본다

* 도플러 효과 : 파원(소리)과 관측자 간의 거리 좁을 때 크고 멀 때 작게 들린다

어떤 스킨쉽

E마트 계산대 왼편
메이퀸인 양 우아하게 앉아있는
사각 얼굴의
다양한 표정이 매력적인
그녀를 마주한다

그녀를 보고파 즐비하게 늘어선 사람들
다섯 가지 이상은 안 되는 선물을 안고
끌려가듯 다가선다

'장바구니 필요하신가용?'
없는 입의 말소리 상냥하다
그의 손바닥에 얹은
요구르트, 사치마, 대천김을
심장에 스킨쉽하니
바스키아 화풍의 칩을 품고 있는지
쿠폰, 포인트, 주차비까지
카드에 사인한 뒤
한일 자 입으로 뿜어내는
까망 글자들

받기를 거부하는 대견한 독심술로

깃털 한 장 무게의 균형과
'가져 가셔용!' 마지막까지 보채며
4차원의 시간을 즐기는 명랑한 목소리
성형술의 아픔을 감추었겠지

* 칩 : 반도체 칩
* 사치마 : 일본 과자 이름

만다라 블루

_김갑진 화백 전시회에서

인사아트센터 3층 갤러리의 화판은
10호부터 200호 크기의 만다라

울트라 마린 블루색으로
바늘 같은 붓끝이
엄청난 눈발처럼 날리는 빛선을 쌓으며
살풋한 미소의 초승달을 띄우고
수레바퀴처럼 둥근 소리선의 울림으로
블랙홀의 호흡이 들릴 듯하다

밖을 바라보는 자는 꿈을 꾸고
안을 바라보는 자는 깨어난다 고 했던가

혼의 손으로 우주를 빚어내는 에너지
3, 4차원의 시공을 덧칠하고
우주를 품은 모래알에서
삶의 결을 찾아내어 환희로 설레이며
마음 속 맑은 향기를 온누리에 부린다
더없이 귀하고 소중한 사람은
우주누리의 생을 즐길 수 있는 것
나는 이미 우주의 리듬을 타고 있다

밤하늘의 별이 꽃밭을 이루고
마당의 꽃들이 별밭을 만든다는
화가의 뜰에서
설핏한 풍경소리 가슴에 감돈다

* 만다라 : 종교가 아닌 작가의 미적 표현
* 울트라 마린 블루 : 황금보다 귀한 청금속 염료

반 고흐의 별

반 고흐의 하늘 가득
무리 지어 회전하는 별
허공의 뭇별들 그의 붓질로 데려와
화폭에서 언제까지나 빛부시네

세월 흐르며 그 별
지구촌 사람들의 가슴에 들어와
넘치게 반짝이는 기쁨으로
평화를 부르네

해를 넘고 넘는
러시아 우크라이나
하마스 이스라엘 전쟁에
울부짖고 피 흘리는 별 별들

하지만
겨울 지나 봄이 오듯
불더미가 별떨기로 피어오르는 날
반고흐의 별
다시 삼세시공을 넘놀며
경이롭게 빛나리

목련꽃 그대

그대는 나의 봄입니다
기원인 양 손 모은 자태
벙그는 마음이 고결하고
숨소리 멎은 듯 고요로워
햇살 바람도 방해될까 봐
그저 잔잔합니다

달빛 젖어 설레임 잔조로운 가슴에
희열이 황홀스레 피어오른 순간
뚝뚝
천천히 서둘러
맑디맑은 잎을 땅에 누이시는 그대는
누구의 눈물인가요

그대 향한 나의 기원은
이제 막 시작하고 있을 뿐인데요

한 잎의 아가야

꽃비가 흩날린 나뭇가지에
무수히 돋아나는 이파리

한 잎의 조그만
여리디여린
연둣빛 솜털
한 잎의 보드란 살결
영롱한 눈
옹알이는 입
해맑은 웃음

한 잎에
더없이 귀여운
별꽃처럼 빛나는
영혼의 꿈

그 잎에
비바람 지나면
무성한 푸른 함성
가득하리

세월을 읽다

세월이 그냥 가지는 않더라
물살 지어 흘러가면서
가슴에 박힌 못은 빼주고
그 자리에 꽃을 심어 주고

세월이 무심히 가지는 않더라
못내 아쉬워하며
늪 같은 우울을 다독여 주고
마음에 새 한 마리 품게 해 주고

세월은 가다가 출렁이기도 하더라
천천히 넘실거리며
심연의 서러움 삭여주고
해웃음 꿈 키워 춤추게 하고

세월이 멈추지 못하는 것은
아련히 여울지는 흐름 속
생의 저만치에서 손짓하는
가슴 가득한 사랑이
기다리고 있기 때문이리라

보인다

남의 말할 새 없이 달려도 25시는 없고
잠깨어 운동 후 종일을 집 안팎의 일로
저녁 자정까지 기록하고 충전에 드는
살짝 슬쩍의 변화뿐인 일상의 반복
아뿔싸 착오도 새롭고 신선하게 보인다

코로나 19로 확 줄어든 오후의 허송시간
이구석 저구석 다독인 손길 후
좀 거한 식사 달달한 휴식도 권태로워
운동에도 울덕증 올라오고
근육은 약해지고 말씨는 어눌해지고 산만해져
모처럼의 외출에도
번거롭게 집적이는 생병이 보인다

세월은 광속으로
하루가 휙 한 주가 휙휙 지나고
물 못 먹어 시드는 화초처럼 늘어진 나
살바도르 달리의 시계처럼
시간을 구부리는 멈춤이 보인다

그리운 사람과의 반가움보다 앞서는 거리두기
만남의 상황이 오히려 꿈결 같은

모순의 조화
밤낮없는 폰 톡의 폭주로 눈이 돌고
거북이 목늘임이 보인다

한낮의 적막 밤의 적막은 적막도 아닌
푸른 하늘 흰 구름 밤하늘의 별들까지
회색으로 흔들리고
감히 해와 달까지 들먹이랴만
살아있는 죽음이 따로 있으랴
심신이 그리워하는
생기발랄한 생동감을 바래어
백신을 서둘러 앞세워도 불안한
지구촌의 갈급이 보인다

우리 미술관 갈까요

코비드19의 계절에
나와의 거리가 가까워진 곳
종로 인사동 쌈지 맞은편 6층
꺼멍 파사드 모던 스타일 건물인
'인사아트센터' 갈까요

엘리베이터로 6층까지 수직으로 올라가
한 층씩 내려오며 갤러리에 들러
미술작품 완상玩賞하는
상큼한 기분을 아시나요

맨드라미 화가 서정의의 '들꽃'
수국 민들레 베고니아가
앵매도리櫻梅桃梨의 모습으로
아기자기한 이야기를 뿜어내구요
김갑진 화백의 '만다라 블루'는
시간의 영원과 공간의 무한을
살포시 웃는 초승달이 말하는 듯해요

테라스에 앉으면 인사거리 뒤로 천도교 본당과
옆으로 아련한 산자락까지의 풍광을
품을 수 있어요

미디어아트 빛과 모형의 신비로운 영상하며
임환재 화가의 '꿈꾸는 바다'를 베고 누운 섬
어느 미술품은 발레리나와
음악과 음양陰陽의 빛살 퍼포먼스로
사뭇 경이로웠던 기억도 떠올라요

시대를 앞서가는
예술혼 가득한 센터의 몸짓이
황홀한 리듬으로 출렁이고 있어요

* 앵매도리(櫻梅桃梨) : 앵두, 매화, 복숭아, 배꽃이 각각 자신 본연의 꽃을 피운다는 의미

또 오세요

'안녕 인사동'
기와 정자에서 인사하는
대형 인형 카카오 캐릭터

층층이 허리에 두른
바코드 무늬가 난무하는 미로의 건물
2층 아담한 슈퍼엔
요괴가 살고 있지

요괴스런 패션의 이쁜 청춘들
쌍쌍이 '킥 고잉'인 듯 오가고
어설픈 패션 차림의 할망
혼줄나게 헷갈리네

파랑 옷 입어 순하고
빨강 옷 입어 강한 듯한 인상
내 어릴적 뿔달린 요괴는
도깨비였지
돈나와라 뚝딱 금나와라 뚝딱

겉은 네모 반듯한 비닐소재
속은 오글오글 펌의 밀가루 튀김

봉지 쫙~ 찢어 끓는 물에
면, 스프, 양념, 함께 다이빙 후 3분

품종별 일품의 요괴스런
봉골레, 매운맛, 크림맛
스트레스 해소의 힐링 천국이야

요괴 잡으러 가야지
요괴 붙들어 와야지

먼 해안

별이 쏟아지는 바다에 와 있습니다
걸음 걸음이 만리길입니다
마음의 파고波高는 하늘에 닿고
적시는 눈물은
보이지 않는 수평선까지 밀려 가고옵니다

그때 해안가 정겨운 모래톱은 무덤이 되었고
희끗거리는 조가비들은 비수가 되어
내 심장에 피를 묻힙니다
까만 어둠속 웬 물새들의
흰 날갯짓인가요
숲의 바람은 내 혼을 놓지 못하고
몸부림칩니다

발목을 감은 파도의 여운에
잡힐 듯한 당신의 향기는
아린 수화가 되어 하염없이 날립니다

당신은 가고
나는 해변의 모래알 같은 나날을
서러움으로 채웁니다

별의 밤바다

파도가 자맥질하는
물결소리 찰랑찰랑
그 소리에 실린 콘서트의 울림
눈감지 않아도
꿈길로 젖어드네

바람은 구름을 멀리 보내고
쏟아질 듯 별떨기 반짝반짝
모래펄에 조가비도 반짝빤짝
임이 오신다는 전갈이지요

바다만큼의 눈물로
기다리는 기쁨이
오로라처럼 일렁이는 가슴

별이 쏟아지는
밤바다로 오세요

오수午睡

매미들의 합창이
크레센도로 울리는 한낮
열대야로 잠 설친 눈꺼풀이
무거운 셔터처럼 닫힌다
맴맴 소리 아련해지며
손에서 낭송시 한 장
졸음 바닥에 눕는다

비몽사몽 속
오랜만에 소꿉친구를 만났다
톡으로 이미지 보내줬다느니 안 들어왔다느니
반가움도 멀리 달아날 즈음

맴맴맴맴 맴맴매~ㅁ
솔로로 등장한 매미 소리 시 낭송 소리
소스라쳐 일어나 보니
참새만 한 매미 한 녀석이 방충망을 잡고
턱도 없는 목을 하늘소처럼 늘인다
루치아노 파바로티인 양 연미복 날개를 펴면서

내가 낭송 연습 중인 걸 기적같이 알았네

* 루치아노 파바로티 : 이탈리아 오페라가수. 전대미문의 초대형 테너

거리의 베이커리

우리 동네 커브길 모퉁이 벽
포장마차 차림
철커덕 돌려대는 빵틀 틈새로 구수한 맛
세월이 뚜벅이더니 밀가루 붕어 밀치고
찹쌀 잉어 등장했네

통통이 초등교생
장바구니 낀 새댁
우쭐대는 고교생
손자 생각난 할방
데이트 중인 대학생
들쑥날쑥 줄섰네
캘리그라피체 긴 줄

애기 업은 제빵사 양볼에 꽃폈다
코 묻은 아가 얼굴 방글방글 꽃봉오리
뚜레쥬르, 파리바게트
부럽지 않은 베이커리

2

만해마을 웨이브

귀양 온 듯 혼자
등짐 풀어놓는 소리
조각상 불볕더위를 피신하는 듯
등 돌리는 발걸음 소리
시혼의 평화 지종
침묵의 외침 소리
산숲 매미의 시벽 동판 150편
합송 소리
갓되일 나무 카페의
비올라 소리

가로수 길섶 피톤치드 여울향
바람 소리
안산 내린천 파동의
용트림 소리
침전하는 저녁놀 물아지랑이
잔물결 소리
반원형의 뜰 외등
달빛인 양 쏟아져 내리는 소리
텅빈 무대 가득 진혼무 긴 옷소매
휘도는 소리

소리소리 어우러진 메아리는
코엑스 넥센 웨이브 대형 전광판에
소용돌이 웨이브를 부르고 있다

백미러를 시청하다

상쾌한 하늘의 손을 잡고
명랑한 바람에 등 떠밀려
예쁜 구름자락에 백미러를 꽂고 흘러간다

빨강 신호등 앞에 서서
주변을 둘러보던 시간은
규슈의 정갈한 난고손공민관 건널목 거리
그 마을 주민과 함께 노래와 춤으로 깊어가는 밤
까르르 와르르 하늘에 싸락별로 박힌다

섬 종단으로
유황물이 끓어오른 수증기의

운젠지옥 물에 발 담그기
청운교, 구마모토현을 달리는 화려한 억새의 춤
천수각, 아오모리 호수의 정경을 돌아
나가사키의 나비부인 조각상이 보이고
사세보의 인공마을
하우스텐보스 테마 파크에서 동심의 세계를 본다

내일로 갈 수 없는 오늘
어제를 더듬어
한 줄기 동영상으로 비춰지는 백미러에
황홀한 황혼이 무늬진다

* 하우스텐보스 : 인공 네덜란드 숲속의 집

신도림역 1번 출구

개찰구부터 출구까지
대리석의 긴 터널
샤프하게 천정에 부착된
현대백화점, 쉐라톤호텔 방향 판
그 아래 모퉁이에
손길이 분주한 더덕 장사 할머니

푸른 비닐 덮은 왼편 무릎 위에 누운 더덕
무딘 칼로 참혹하게 거듭 고문당하듯 해도
오히려 뽀얀 살갗 드러내는 더덕
베이커리 가게의 구수한 빵 냄새와
꽃가게의 꽃 향이 터널 안엔 가득해

싱그러운 자연의 더덕향은 숨겨지고
할머니의 굽은 등은 더 굽어지고
짐보따리 실은 손수레의 키는 더 커지는데

1번 출구에서 터져 나온 사람 사태에 묻혀
더욱 힘겨워 보이는 할머니의 삶
어쩌지 못해
사뭇 진지한 할머니의 타령 한 자락이
출구 하늘가에 서성이고 있다

단양의 석문이고 싶어라

얼마나 많은 부드러움이 쌓여야
얼마나 많은 사랑이 출렁여야
하늘 향해 둥그렇게 뚫린 돌문이 될까

내 마음은
그림자 드리우는 호수 위
단양의 석문이고 싶어라

늘 열려있어
비바람, 눈보라, 오가는 사람들
그 무엇이라도
자유자재로 드나드는 문

하고 싶은 일
못다 이룬 원 다 이루고
만나고 싶은 사람 만나도록 기원하는
그런 문이고 싶어라

늘 고달픈 삶에 등 떠밀려도
신천지처럼 놀라운 반전 이뤄내는
그런 문이고 싶어라

이사, 그리고 프록시마별

동대표가 이사한다
오늘은 12월 31일
짐을 실은 사다리차가
드맑은 허공에서 서커스 중이다
가져갈 것과 버릴 것을 구분했겠지만
더러 섞인 것은 그냥 함께 가는 것
낯선 집을 향해
신선한 환희를 만끽할 수 있을 것이라는 믿음으로
솔잎처럼 푸르고 향기로웠던 정은 두고 간다
인사말은 단톡방에서 한마디의 문자뿐
할아버지 한 분만이 작별의 손을 흔든다

문이 없는 새해의 문을 수없이 여닫아
이별에도 내성이 생긴 할아버지
만남과 헤어짐, 출발과 도착,
끝은 언제나 시작인데
꿈과 도전의 반복인 풍경을
상행 에스컬레이터처럼
올라갈 줄만 알았던 시간을
새삼 다독인다

우주의 부동산 중개사 호킹 박사의 소개로
동대표는 비약의 환희가 있는 우주선의 스피드로
프록시마별로 가리라 한다

줌, 3차원의 출판기념회

예방수칙 4단계 출판기념회
꽃다발, 케이크, 친구와 어깨 나란히 하는 사진은
간밤에 결별했다

어설프고 설레는 줌 동영상
원하지 않았어도
전시장 그림을 보듯
액자 속 얼굴로 보인 친구들 서먹해도
다가서 맞이하는 친절이 고마워

각자 앉은 자리 배경은
별도서관, 푸른 초원, 산정 악기연주자의 그림들
방장의 미소와 함께
작은 꽃다발이 입체 영화처럼 확장되고
케이크 불꽃에 축원한 한 줄기 향의 연기따라
지고이네바이젠의 흐름이 이어지는
축하 시낭송의 음률은
저마다의 소절로 초신성으로 피어났다

* 지고이네바이젠 : 스페인 작곡가 "파블로 데 사라사테"의 곡~집시의 노래
* 초신성 : 신성보다 에너지가 큰 별의 폭발로 매우 밝게 빛나는 별,

가을비를 듣는다

언제 폭염이 있었더냐는 듯
추적이며 튀는 비
모처럼의 빗소리에
와글거리는 가슴
비 내리는 날이 이리도 황홀하다

빗속에서 일어서는 빛과 소리의 환상
궁남지, 관곡지, 세미원 연꽃의 빛
물결에 밀린 잉어 떼의 보석같은
안압지, 월정교, 금장대 야경의 황홀이며
하서 해변 파도에 쓸리는
촤르르 또르르르 돌 구르는 소리까지

톡으로 보내온 이미지 안부 편지
답신을 다독이며
가을비 읽노라니
오는 인연 막지 말고
가는 인연 잡지 말라는
캘리그라피체 빗줄기 소리 건너온다

푸른 벽돌 계단

여명의 시간
여행의 향기 스미는 거리를
녹색 신호등 따라 건넌다

횡단보도의 무늬가 계단인 듯
장 오토니엘의
'푸른 벽돌의 강'이 파노라마처럼 펼쳐진다

바다 같은 강, 강 같은 바다가
쏟아져 내리며
환희로 몸부림하는 파도
벽돌 하나하나가 푸른 빛의 형광으로
반짝이는 물살
뭇 생물의 숨소리 들릴 듯
산호, 물고기 떼의 군무가
소용돌이치는 해저도 보일 듯

약동하는 삶의 모습 반추하며
인생 같은 여행, 그 활력소를
채우고 싶은 상념이
푸른 벽돌 계단에 물결친다

* 장 오토니엘 : 프랑스 현대미술가
* 푸른 벽돌의 강 :'쁘띠 팔레'에 전시된 장 미셸 오토니엘 작품의 제목

그리운 여행

가을바람엔
그리움과 여행의 향기가 있습니다

만날 수 없는 그리움
떠날 수 없는 여행이기에
꿈의 숲만이 무성합니다

바람이 짙어지면 숲은 꽃이 되고
별이 되고 보석이 되겠지요

아주 낙엽으로 지기 전
단풍 숲을 통째로
내 심연의 영토에 묻는다면
오래 발효되어 꿈틀대는
그리운 여행을
새로이 떠날 수 있겠지요

무엇이 되어

타다 남은 모닥불
잿무덤에서
빨간 바람이
놀다 가면
나는 작고 뜨거운
불꽃이 되리

그 불꽃 모든 사람
가슴마다에 심어
사랑꽃을 피우며

그 사랑
추운 영혼의
봄 햇살이 되리라

또 한번의 별리

문중 내력의 삼년상도 벗어난 차례
아들에게 보내는 날
우울이 하늘을 덮쳐
답답한 가슴
시원한 바람 삼키려
버스로 달린다

차창에 드리우는 땅거미에
마지못해 귀갓길로 향한 지하철역 앞
가로수 빈 가지마다 설명절의 향취가
무성히 피어오르고
붐비는 남녀노소의 마스크 위로
빼꼼히 웃는 눈빛마냥 즐거운 모습에
온몸을 누비는 외로움이 서글프다

엘이디 불빛 환한
젯상 차림 음식 전문점
지천으로 쌓이는 전 더미에서
그 사람이 좋아했던
새우전과 녹두전을
괜시리 포장해
따뜻하게 안고 앉은 지하철은
야단스레 울컥이며 내달린다

네 안의 나

_일기장

나의 삶이 온통 들어찬 너
설레고 낯설고 반갑구나
전설 같은 이야기가
구구절절 일어서는 나
지금의 남의 일
내일의 나의 일로 살아왔네

낙서처럼 그려온 반생
아무도 모르게 엮어온 숱한 나날
만지면 부스러질 것 같은
싯누런 낱장 위를
제멋대로 뒹구는 글자들

치열하게 뜨거운 숨결로 피가 도는데
강물에 유영하는 별인가 하면 수석이다
수석인가 하면 꽃이다
꽃인가 하면 바람이다
우주를 품은 꿈의 씨알이다

반년에 한 번씩 이사할 때
없어지는 물품 있었어도
네 안의 나를 지키느라

신경 썼을 그 세월을
기적같이 넘어서 왔네

오늘은 경이로운 우담화인 양
침묵의 세월을 벗고 피어나는
네 안의 나여

렛잇고

전쟁의 마성이 난무하는 키이우(키예프)
혼란에 지쳐 지하에 쓰러진 사람들 위해
겨울 왕국의 렛잇고를 노래하는
일곱 살 아멜리아 우크라이나 소녀

폴란드의 한 벙커에서
빨강, 하양, 파랑의 전통 드레스로 무대에 올라
무반주로 애국가를 노래한다

전 인류에게 참담한 지경을 알리며
싸우는 사람들과 함께하는 엄마 아빠를
그리는 노래
가슴마다의 심금을 울려
빛이 퍼져 나가는 마법 같은 힘
65만 달러 모여진 피 같은 기금
희망을 놓치지 않고
한마음으로 일어서는 용자들을
응원한다

겨울 지나면 반드시 봄이 온다고 믿는
평화와 치유의 앳된 노랫소리
백 번 쓰러져도 백한 번 일어서게 하는

가장 작은 소녀의 가장 큰 울림
지하 방공호에 포성은 들리지 않았다

안네 프랑크, 잔 다르크의 반열에 세우고 싶어지는
여리나 강한 시대의 요정
아니소비치 아멜리아

더 미룰 수 없는 나들이 2

백신 접종에 밀리고 개학이 다가선
샌드위치 시간
고2 되는 두 손녀 함께 인사동 답사

인사아트 6층 건물
갤러리의 상냥한 화가와 찰칵
그의 권유로 두 사랑 방명록에
새로운 만남 사인한 후
시장기에 쫓기어
안녕 인사동 2층 칼국숫집 찾아
허기진 입맛이 국수 후 죽까지 바닥내다
돌아온 5층 르프랑 카페는 대만원
갤러리용 카페 벽에
다양하게 미소짓는 표정들 다정하다

저물녘 6층 노천카페 루프랑루프탑은
바람에 여울지는 선율이며
백목련 빛 디자인의 큰 의자들
멋스러운 인테리어로 충분한 매력에 마냥 넘놀다

줄 이은 전구들 불 밝히는 낭만을 뒤로 하고
한옥 카페 어니온의 길고 긴 줄에 서서

넘어가는 해거름에 조바심으로
특이한 빵 봉지만 꽃다발인 양 보듬다

숨 가쁘게 발걸음하는 시간의 폭소에
인사동 좁은 골목 하늘엔
초승달이 샐쭉거리다

캘리그라피체는

멋지다 예리하다
만날수록 마력이
살아 꿈틀거리고
생기발랄하게
사방십방으로 뛰노는 글씨

시와 문자향의 사랑 같은 만남
꽃인가 꽃별인가 별춤인가
신선한 피가 온몸을 감아 도는 생명체
어떤 글씨는 감성이 넘쳐
미친 듯 아름답다

멀리 그리스에서 달려와
터를 잡았다지
갖가지 물체의 이미지로 살아난
유연하고 활달한 춤사위

바람이 없어도
슬쩍 살짝 출렁이는 너울
삐치고 빼치고 예리한 기풍은
인생사가 여울지는 향기다

음악이 없어도 춤을 그린다
그림되어 다시 악보로 춤춘다

이룰 수 없는 치킨 런

'맘스터치 치킨'이
식탁 위 접시에 앉았다

몸통의 조각들 말이 없는데
최고의 맛이라며 사람들
티브이의 광고처럼 너스레를 떤다

먹거리 중 인기 절정인 영계들
수난의 연속
털 뽑히고 머리, 발 잘린 알몸
팔한지옥에 있다가
갖가지 양념 덕지덕지 바르고
친구들과 대, 소형 기름통 속
팔열지옥을 거쳐
이미테이션 악세사리 향기 풍기며
오토바이에 얹혀 왔다

히틀러는 갔어도
가스실 운영법은 남았는지
지구촌 3억의 닭 종자들
저리 고문을 겪으며
최고의 매상 배달 상품이 되었으니

이 무슨 해괴한 운명이란 말인가

저렇듯
죽음 뒤에까지 철저한 희생
그들에게 윤회란 기어이 없고 마는 것인가

등나무 그늘에서

등꽃처럼
숭어리 화사하고 향기롭게
문향의 꽃 피우리

등나뭇잎처럼
푸르름 무성히 펼쳐
무거운 마음의 쉼터가 되어

등나무꽃 열매처럼
보송보송 솜털로 감싸이듯
미세한 떨림까지 살갑게 보듬으며

등나무 덩굴처럼
얼크러 설크러진 인연의 끈
등불 서로 비춰 어둠을 밝히고

등나무 뿌리처럼
대자연의 기를 받아
아스라한 인생길에서 버스킹을 하리라

내 마음의 터앝

수평선은 출렁이는 그리움을 품고
해안선은 술렁이는 기다림을 보챈다
모래톱과 파도가 서로 제 몫을 재느라
지칠 줄도 모르고 실랑이가 분주한 한나절

명사십리 비단결 텃밭에
외로움을 묻자
해당화 씨앗을 심자
괴로움을 묻자
동백 씨앗을 심자

하늘 안은 바다가
햇빛 달빛 별빛을 업어
텃밭에 부리면

내 마음 터앝에
해당화가 핀다
동백이 핀다

* 텃밭 : 울타리 밖
* 터앝 : 울타리 안

3

애월 바다

'다인오세아노'의 앞바다는
회색의 우울을 앓고 있더라
도루코 면도날보다 더 예리한 수평선과
반짝이는 에메랄드 물빛
보듬고 싶은 마음 솟구쳐도
드러내기 싫은 안간힘을
첼로 음률로 달래며 밀려드는 파도 소리

꼭 만나야 할 누가 있는 양
집 한 채 업은 모래 벌의 소라게처럼
치열하게 헤매는 해안

꿈으로 만지려던 애월 노을은
해풍에 시달린 야자수 이파리처럼
해무에 떠밀려 먼 방랑으로
닿을 곳도 모를세라

맥 놓고 숨을 몰아쉰
'풀빌라' 풀에서
밤을 낮처럼 다만 물장구 요란스레
회색의 우울을 앓는다

‘아르떼뮤지엄제주’에서
끝없이 펼쳐진 해변
오로라의 펄럭임과
폭풍 같은 파도의 웨이브를 서핑했을 뿐

* 다인오세아노 : 호텔의 이름

그 섬 1

그 섬이 고즈넉한 것은
하늘 아래 흰 줄 노란 줄이
바다와 오름의 지붕처럼 질펀히 누운
한라의 본향을 달리기에

그 섬이 늘푸른 것은
바다에 빈 통을 꽂아 울리는 듯
연산호, 해초강 물총 소리에 나래 펴는
파도와 물새의 꿈이 영글기에

그 섬이 외로운 것은
문주란 줄지어 핀
담장 쌓은 돌 사이로
해무를 걷어가는 바람이
하프를 뜯고 있기에

그 섬이 빛부신 것은
한낮 얽힌 햇살 따가워
밤에 기대인 연인들의
별빛보다 더 반짝이는 속삭임이 있기에

한아름 그 섬 안고 싶은 건

k-pop의 노래가 휘달릴 때
야자수 머리칼 엉성한 춤이 싱그러워서
그러할 것이다

그 섬 2

_영흥도

소나무 멋스러운 그녀의 해송펜션
베란다에 물결 설레는 바다
시낭송 젖어드는 여운인 양
속삭이는 푸르른 빛 하염없이 마실 때
영흥도 그 섬 길엔 서슴없이 배롱꽃 피네

햇발 넘실거리며 밀려드는 해변
역광의 실루엣은 생명의 여명
바닷새 황홀히 파도 결의 나래짓에
십리포 장승이 된 어미 소사나무 정겨워
숭어리 숭어리진 배롱꽃 피네

잠긴 물길 열어주는
안 보일 듯 보이는 수줍은 측도
나그네 한 철 삶이어도
파도 위에 선 풍차
우아하게 허공 감는 새 날개처럼
꿈을 길어 올리는 그녀
바다를 만질 때마다
배롱꽃 향기 흐드러지게 웃네

하늘 갤러리

푸른 화판에 흰 채색이 화려합니다
이중섭의 소
루오의 잔다르크
박수근의 나무와 두 여인
클림트의 생명의 나무
전미선의 비단잉어
오토니엘의 유리구슬까지

하얗게 뽀얗게
연회색이나 진회색으로
검은색에 가깝거나
은색으로 빛납니다

햇빛의 색상을 바람이 삼키며
흰색 계열의 농담으로 토해내는 구름
풍성하고 부드럽게 강렬하게 연약하게
지구촌 사람들의 삶이 어우러져
유장한 강물로 흘러갑니다

내 삶의 세월도
방향 없는 바람길 위에
방향 있는 붓길 따라
유유히 흘러갑니다

유리 궁전

_장 미셸 오토니엘의 '정원과 정원'

멋스러운 시간이
들려주는 마법

둥글게 둥글게
장 미셸의 구슬 조각이
줄줄이 굴러들어 온다

색과 빛의 꽃불을 여지없이 비추어
서성일 때마다 일그러지고 꿈틀대며
멀리 가까이 신비와 불안이 일렁인다

핸폰을 빗대어 찰칵하면
다이아몬드보다 더 현란한 광채
펼쳐진 푸른 벽돌 위
세찬 물결은
젖지도 넘치지도 않는 빛의 강물

나뭇가지에 건 은목걸이
연못엔 황금 연꽃 송이
의연하고 야무지게 반짝인다

꿈의 정원에 피어난 상처 너머 유리 궁전

그 품에 안긴 나의 삶이
거듭 태어나는 숨결을 듣는다

울 아버지

연세가 높아
기력이 쇠진한 아버지
무료하게 지내던 어느 날
정 많은 사위가 선물로 안겨드린
하얀 털 까만 눈의 '스피츠'
이름은 일곱 가족이 한마음으로
'뽀삐'라고 불렀지

방에 가득 넘치는 즐거운 불협화음
높았다 낮아지는 아버지의 쉰 목소리와
왈왈왈 장난치는 '뽀삐'

웃음소리 명랑하게
온 가족이 모인 저녁상
강아지 입에 물려준 사위의 닭갈비
뼈가 목에 걸려 캑캑대는 '뽀삐'에
놀란 아버지 낯빛
노랗게 질렸지

순식간에 죽일놈 된 사위
당황해 설레발 칠 때
캑~ 튀어나온 뼈다귀로

하마터면 죽을 뻔한 강아지
한숨 돌렸지
그제야 쓸어내린 놀란 가슴
아버지는 사위를 얼싸 안았지

어쩌다 생각나는
그때 그 저녁의 울 아버지

우분투의 시간

벽타기의 달인 클라이밍 선수
특별한 장비나 기술 없이
오로지 덩굴손으로
단단한 허공의 힘 잡아 늘인다

전신운동 근력 강화 순발력으로
유연성을 높이며
더욱 활달한 담쟁이
오르고 또 오르고 옆으로 뻗다가
드물게는 아래로도 방향 트는 기발함

혼자가 아닌 얽히고 설키는
친구들의 손을 꼭 잡고
잎잎이 땀방울 떨구며 윤기 돌리며
번성하는 묘기

입추 지난 늦더위도 아랑곳하지 않고
더욱 높이 더 높이
밤낮없이 오르고 올라
가을볕도 기울어 지칠 즈음

승리의 함성인 양

빨갛게 노랗게 반짝이며
우분투의 시간이
와르르 까르르
단풍빛 웃음으로 쏟아진다

* 우분투 : 타인을 향한 인간애. 네가 있어 내가 있다.
* 인본주의 : 함께 행복하고 함께 슬퍼하자는 공동체 의식

나이가 화났다

스무 해가 네 번을 훨씬 지난
청명한 가을날
치마를 늘여 입고 양손에 소품을 들고
유난스레 상쾌한 발걸음

버스로 달려 목적지에 하차
치마에 걸려 엎어지는 순간
남들이 말해주는 건강 롤모델에서
추락하는 순간
억지로 다독인 흔들리는 머릿속
발가락과 발등 사이에 심한 통증은
심장까지 울렸다

길가 약국, 병원 가라는 약사의 말에
거울을 보니
광대 뼈에 큰 청동색 구릉
비뚤어진 얼굴 가려주는
마스크도 우울하기 짝이 없네

잘 정돈되어 있는
X레이 비춘 뼈에 희망을 걸고
치료받는 나날의 시간마다

온몸이 뜨끔 따끔 욱신욱신
정신도 들쑥날쑥

무심결에 서두르는 나이
숫자에 불과하지 않더라
저를 버리고 날렵을 떤다며
구시렁거리는 나이
고독했나 보다
허벌나게 화났더라

카페향의 가을

'스타벅스' 창밖 단풍잎
한두 장 내리는 오후
머그컵의
하얀 이미지를 듣는다

휘저으며
갈색 라테 실눈에 실어
계절을 가늠해 본다

기우는 햇살에 기대어
그리움, 아쉬움을
미쁨으로 마신다
한 모금 진한
그대 생각을 삼킨다

진동하는 카페향에
설레는 가을

단풍, 주체할 수 없어

잎잎이 다양한 모습
작고 크고 일그러지고
드문드문 벌레에 먹히고
작은 새에게 쪼이고
뭇 곤충에게 뜯기어도
반항이듯 더욱더 붉어

기막힌 저 열정
푸른 청춘과 노란 질투
갈색 감성과 파란 지성
보랏빛 그리움과 하얀 고독을 품고
서슴없이 더욱더 붉어

허공 풍성히 협곡 겹겹이
붉게 물들다 못해 바람조차 만취된 듯

가을의 등줄기로 수만의 성화聖火
불길 활활 타오른다 해도
임 그려 불타는 마음
한 자락만 할까

나무늘보의 갤러리
_금채민화가의 작품전에서

올망졸망한 꿈을 꾸며
숲의 신화를 빚는 아가씨
그녀의 별은 부서지지 않는 동심
자유로운 날갯짓으로
길고 긴 비행 중이란다

나무늘보의 갤러리 인사동 '아르떼 숲'
녀석의 많은 친구들
호랑이 얼룩말 토끼 기린
구관조 앵무새 백조
이름 모를 각종 수초와 나무들
늘보의 놀이터이자 새들의 숲
왕관 쓴 백조의 분홍색 호수도 본다

요술의 메들리
'샤갈은 비켜'라는 듯
화려한 색상의 옷에
은하의 별들이 쏟아졌는지
반짝이며 사부작거리는 소리 들린다

어두운색도 밝게 빛나는 화판
그리 재미있고 즐거운가

맑고 밝게 웃으며 나누는
왁자한 이야기와 분주한 몸짓
내밀하게 배어나는 동화의 세계며
프랜시스 호지슨 버넷의 마음이 함께한
새롭게 빛부신 행복의 나라

때묻은 영혼도 맑아지는
마법 같은 세상이 춤추며 나부낀다

서라벌 금귀걸이

밀어密語를 담은
님의 사랑이었거니

풍경소리 그윽한 대청마루
스란치마 단아端雅한 자태로
기다림은 설레고
고운 단청丹青 추녀 끝에 걸린 구름
애틋한 그리움으로 머무는데

지존至尊을 연모하던 궁녀
탑돌이로 지새운 밤에도
하염없이 내리는 푸른 달빛에
귓불에서 영롱하게 빛나는
슬픈 황홀이여

초록빛의 유리구슬 아롱아롱
사백 년 긴 침묵으로 무덤 속에 갇힌
맵자한 아가씨의 찬연히 부푼 꿈이
박물관 유리장 속에서
속울음을 운다

먼 하늘 건너온

애틋한 숨소리
꺼지지 않는 사랑의 혼불로
피어나고 있다

게임 카페 '레드 버튼'

계묘년 설 명절
밤거리가 궁금한 저녁 소풍

딸이 앞장서며
'엄마는 지금
노름의 세계로 들어가는 겁니다'
'그러지 뭐~'

신림4거리 게임 카페 '레드 버튼'에 들어서자
자갈치 경매시장 같은 소리 시끌벅적
괴성까지 울려
뛰쳐나가려다 호기심이 발동해
여기서 카지노의 분위기 엿볼까나

테이블 하나에 의자 다섯
음료와 팝콘을 주문하고
게임은 '라스베이거스'
진열해 놓은 육각형 카드와 금액형 카드
구르는 주사위는
남을 밀치며 내 돈 챙기기다

촉각은 곤두서 강력 집중으로

몰입되는 순간순간
욕심에 불지르다 보니
괴성도 시끄러운 소리도 들리지 않는다

남의 불행 위에 나의 행복 쌓으려는 탐심
게임이라 해도 두렵더라

자주색 고구마

선물 받은 자주색 고구마
사선으로 자른 밑동을
투명한 유리병 물에 세우다

뽀얗게 내리는 뿌리들
위로는 양편으로 싹이 자라
귀여운 사슴뿔의 형상

며칠 뒤
하얀 실타래처럼 풍성한
뿌리의 하강은
영토가 좁아
똬리 틀었고
자주색 줄기는
넓은 허공에서
하트모양의 잎새와 함께
무성한 숲을 만들고
늘어지기도 한 순은
다시 곡선을 그리며
비상하는 묘기를 부린다

필라테스 포즈의 싱그러운
연출을 감지하다

미완성의 완성

미완성을
꿈이라고
그리움이라고
희망이라고
나답게 일어서는
상쾌한 도전이라고 하자

완성을 향해 내달린다
성실하게
발랄하게
끊임없이
사랑으로
열정으로
용기와 집념으로
다다를 때까지

매사에
긍정적인 삶의 자세로
완주하면
꿈은 현실이 되리라

망고의 일기

수려한 수리산 아파트 1501호
고양이 사료, 통조림, 유산균, 과자와
미끄럼틀, 공 외 갖가지 장난감
모래판 화장실이 둘인
내 방도 있어요

나의 집사는 이 집의 맏딸
영롱한 유리그릇에 물 가득 채워오면
난 그 물에 혀를 축이죠
놀다가 장롱 밑으로 들어간 공
앞발로 힘들여 꺼낸 것은 먼지뿐
그러면 집사의 동생이 꺼내주죠
아기처럼 살갑게 돌봐주지만
트라우마에 젖은 나
그 사랑 받지 못합니다

지난 어느 날
울 아빠 며칠째 안 왔어요
울 엄마 아빠 찾으러 나가 안 와요
쌍둥이 내 동생 보이지 않더니
며칠 뒤 로드킬 됐대요
아랫동생은 주민들이 신고해 행방불명

여동생은 동네에서 집 지어 주었지만
불만 있어 할퀴며 반항하더니
쓰레기장에서 발견됐어요

아직도 창밖의 내 가족 생각뿐
보고 싶고 서러워
봄 햇살조차 빗줄기 같은 날입니다

* 망고 : 집고양이 이름

심연에 꽂힌 눈송이

눈송이 너는 오너라
와서 쌓여라

바다에서
해무로 피어올라 구름을 빚고
찬 기운 보듬어
육각의 별로 변신한 너

바람 없어도
나비 떼처럼 날아와
가슴의 갈피마다
꽂아 놓는 설움

눈송이 허공에 가득한 날
설렘 흐르던 시간
검은 장갑 낀 손의 악수로
이별을 약속하고 돌아서는 눈물

그 눈물
눈 송이송이 되어
땅속까지 침투하는 숨결
심연의 일기장에 꽂힌다

쑥부쟁이꽃

나 맨몸 되어
새 세상 태어난다면
쑥부쟁이꽃으로 피어나리

먼 하늘 우러른 그리움
남몰래 흐르는
하염없는 기다림이 서러울지라도
아무도 보이지 않는
세상의 언덕 위로
무지개를 보리

별이 쏟아질 듯 박힌 미리내에
푸르게 빛나는
나의 별을 찾으리

아침이슬 머금은
싱그러운 미소로
기척도 없이 찾아오는
보랏빛 설레는 사랑
품 가득 안으리라

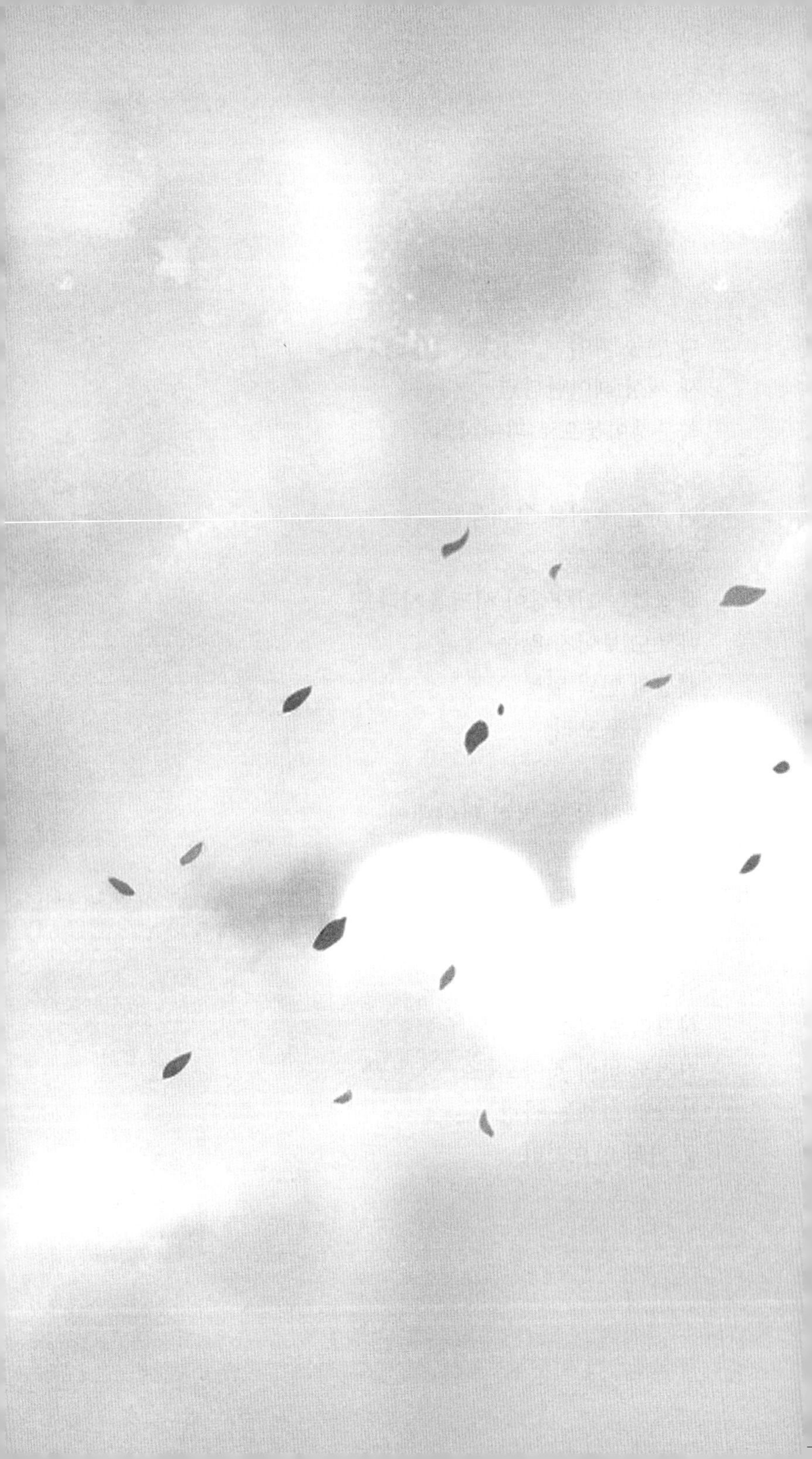

4

반딧불이가 웃는다

영화 속 우주선이 내려앉은 듯
멀리 성산대교의 현란한 불빛
가로등 소등된 양화대교 남녘으로
한 치 앞도 가늠할 수 없는
칠흑 같은 어둠은
블랙홀인가

눈 감아도 뜬 듯 떴어도 감은 듯
보이는 것은 반딧불이 빛뿐
자연스러운 자연의 빛
꿈의 요정이듯
무수히 흐르는
점, 점의 소박한 빛이
웃는다

천상의 리듬에 실렸을까
군무처럼 퍼포먼스처럼
뮤지컬 아리아의 음률을 탄 듯
어둠 속 가득
화려하게 웃는다

빛의 확대로

생동하는 삶이 되는
빔프로젝터의 환등
AI시대를 비춘다

마스크의 호소

어느 나라였던가
티브이에서 본 적이 있다
세탁기에서 쏟아져 나와
관광지의 팔랑개비처럼
햇볕에 바람 쐬는
수만 장의 마스크

괴성 함께 눈 매운 거품 속
이리 부딪고 저리 몰리며
어지럼증에 시달리다
샤워하고 나서야 겨우 정신 들었지

시원하겠다 살 것 같겠다
'너는 어데서 왔니'
'골목 길가에 버려졌는데
미화원 아저씨가 데려왔어
집안 쓰레기통에서
학교 벤치 위에서
식당에서, 카페에서
출처를 말하느라
빨랫줄이 왁자한 색색의 마스크

입의 말은 분명 잘 접어
휴지통에 넣겠다더니
손은 아무데나 버린 거지
몸에도 남북의 휴전선이 있나 보다

'이제 우리는 어디로 가는 거야
재활용이라는 이름표나 달 수 있을까'

춤, 각자의 스텝

약 10분간 보여준 스크린의 영상
노점 상인 리어카를 끌다 말고
농부가 진갈색의 얼굴로
몸의 관절은 절룩,
잇몸도 함께 춤을 춘다

'사의 찬미' 음률을 타고
무대 위 20쌍의 춤꾼이 인사한다
초대된 100명 관중의 갈채가
'선재 아트센터'의 벽을 무너뜨릴라

첫 곡의 8곡 메들리가 댄서를 부르면
한 사람 춤의 무대는 하늘이 된다
멘토와 쌍으로 짝지어진 70대의 시니어
관절이 마음처럼 움직이지 않아도 멋지다

AI의 리듬에 아바타처럼
바닥을 울리며 허공을 날며
메타버스의 시간을 부를 것 같은 댄서들의 춤사위
조상님께 예배를 빼놓을 수 없댄다
꽃잎 같은 손으로 바닥을 문대고
화려한 색을 입고 재롱을 부린다

평생 웃을 웃음, 속울음 토해내는 파고
벽을 부수고 나가
북촌, 북악산, 인왕산이 출렁인다

노고의 마무리로 허리 숙인 후
다시 뒤풀이에 황홀경의 불꽃이 튄다
객석을 실은 무대는
젊은이와 외국인들의 흥으로
세월 가는 줄 모르고

* AI : 인공지능
* 메타버스 : 3차원 가상세계
* 첫 곡 외 8곡 : 사의 찬미, 쥐구멍에 볕들 날, 둥지, 단발머리, 여군 미스리, 강원도 아리랑, 눈이 내리네. 꽃밭에서, 울릉도

어느 봄밤

폰 벨 소리
회색 하늘 비집고 달려와
목소리도 화려하게 벚꽃놀이 가잔다
우산이 앞장서는 반색의 번개 만남

빗소리로 달리는 거리
적막한 윤중로는
외로운 벚나무 아래 누운 꽃잎 잎 잎

'집에 가자 꽃 다 졌다'
아랑곳없이 너의 빠른 걸음
길 건너 저만치
꽃잔치 질펀하네

화사한 가로등 빛에
송이송이 까르르 웃는 꽃숭어리
빗여울에 비단실비는 사선의 춤
향기롭게 돌리는 '쉘부르의 우산'

2시간의 행복 놓칠 뻔한
너와 나 동행의
비와 꽃의 하모니

* 쉘부르의 우산 : 프랑스 자크 드미 감독의 1964년 작 로맨스 멜로 뮤지컬 영화

울트라마린 블루 상춧잎

상춧잎을 꽃잎처럼
물들일 수 있다면
울트라마린 블루색을 입히리

꽃이 된 상춧잎
곳곳에 널브러진
유리병에 꽂으면
투명한 유리컵에
맑은 물 삼키던 아이들
환성이 왁자하리

'고흐의 해바라기꽃
저리 비켜'라며
저들의 컵에
앞다퉈 심은 상추꽃잎으로
블루꽃 웃음 가득하리

그 웃음 온 누리에 일렁이며
먹구름 물든 가슴에
울트라마린 블루꽃 웃음 피웠으면

* 울트라마린 블루 : 청량한 푸른색으로 블루컬러 중 가장 고급,
환상적이고 매혹적인 색, 우울증을 치유함.

이사 온 생일

일주일 앞으로 이사 온 생일
애쓴 흔적의 파티장에
다이소의 예쁜 봉투, 카불리본 포장의 무게,
치즈케이크의 캘리문자, 소원이 불타는 촛불쇼,
우아한 시 낭송, 낭창한 리듬의 코러스
수많은 배춧잎과 신사임당 사태나다

어르신은 전통 지킴이
젊은 세대는 저들 시간에 맞춤형
형식은 멋졌으나
마음에 닿지 않는 생일 축연
누구는 7개월 앞당겼다지만
제날이 아니기에
생명으로부터 괴도 수정이 낯설다

하지만 어쩌랴
시대의 조류에 밀려가야지

나실리의 우담화

짧은 파이프가 심벌인
고故 J 시인의 시 축제

순수의 맥을 이어가는
자부子婦의 지성至誠으로
5월 나실리 시혼의 숲
무성하다

그녀는 효심을 신독身讀했는가
혼령도 감복하여
해마다 그날 오면
생전에 오던 비 밀어낸 듯
푸른 하늘 흰 구름꽃

먼 시간 돌아와
환희로 파도치는 시인의 숨결이
시향에 젖은 마음 밭에
우담화로 피어난다

* 우담화 : 삼천 년 만에 한 번 핀다는 우담바라 신비의 꽃. 희소가치 높다.
수명도 길다.

인연의 시각時刻

우리가 깃든 숲엔
새들의 노랫소리 푸르고
비바람 눈보라 아랑곳없이
너와 나 뜨거운 마음 깊은 정으로
꿈결같이 마법같이
계절의 꽃 흐드러지게 피우며
비정非情도 환희로 바뀌는
생의 희열이었지

햇살 함께 일어나
별빛 함께 잠들던 나날

어느 날 느닷없이
숲의 심연으로
가스처럼 스며든 별리의 애잔함은
해무처럼 아득하고 얄망스러운 무게로
임을 보내는 애틋한 혼의 울림,
부서지는 마음은
육신을 누비는 아픔이었지

하지만 우리가 함께한 생의 시각들이
어쩌면 모두 다
행복의 '태피스트리'였던 것을

* 태피스트리 : '다채로운 색실로 무늬를 짜 넣은 직물

목련차 향

딸이 보내온
흰 목련 문양의 둥근 통

마른 꽃잎 한 티스푼
미색의 물 번지는 찻잔에
꽃은 피고
그윽이 차오르는 향

보이얀 봄 길의 목련화처럼
이 가을 봄을 안겨준
네 마음결에
고운 노래 보인다
화사한 빛 들린다

물 마를 새 없는 손
차 운전으로 분주한 너
가슴에 한 송이 꽃
꽂아주려 할 때
손사래 치던 너의 모습
찻잔 속에서
아슴하게 펴오른다

소낙비 빗물꽃

검은 구름 밀려드는
구디역4거리
사선으로 퍼붓는 빗줄기

우산 펴기도 전 빗물에 젖어
비 피한 빌딩 현관 앞길로
행성이듯 빙빙 도는 빗물의 유랑
번개를 감춘 천둥이 구르면
고저 장단으로
빗소리에 리듬이 울린다

물에 내리치는 빗발에
활짝 피는 빗물꽃
방울방울 튀는 꽃잎
드넓은 영역에
춤추는 물꽃의 군락群落이다

빗발 시드는 순식간에
가뭇없이 지는 꽃, 물꽃

한 자락 꿈결인 양 펼쳐진
무대 한 막의 공연

너를 위하여

나의 기원은 길고
너를 위하여
되풀이한다

눈 감지 않고 응시하는 것
어떠한 고난도 피하지 않고
맞서 이루어 내라는 축원

강한 마음의 변두리
나를 수호하리라는
믿음 품고
노고를 아끼지 않는 실행

너의 아픔이 꽃이 되어
가슴에 피면
나의 원도 별이 되어
마음에 빛난다

하나 된
너와 나의 심연에
환희여!
하염없이 솟아나라

프리지아 딸

분주한 하루가
나른한 무료함에 안기는데
'엄마 선물'
상쾌하게 내민 손
한 줌 프리지아 노오란 향기
열 줄기에 올망졸망 백의 봉오리
네 송이 미소 함께
배냇짓의 푸른 꿈이 귀엽다
이 아침 활짝 웃는 꽃
딸의 해맑은 마음 엿본다

명랑하고 발랄한
소녀의 꿈 간직한 채
두 딸 대학생의 엄마가 된 딸

시엄니의 창백한 시절
홀시아빠의 수척한 시간을
갈무리해 온 세월 버거우련만

여전히
티 없이 섬세하고 상냥하게
엄마의 봄을 응원하는
프리지아 딸의 향기

석파정

‘물을 품고 구름이 발을 치다’
예스러운 암각巖刻
왕이 사랑한 정원

하염없이 향수 부르는 천세송
650연세에 허리 휜 후손 함께
아홉 청려장에 실려
함박웃음 짓다

비범한 생김새의 너럭바위
뭇 동물 거느리고
넓은 가슴 우아하게 펼치네

산수국 흐드러진 맑은 물소리
청풍淸風의 정자 관풍루는 꽃수레
지저귀던 산까치 푸르르 날고
고욤나무 열매 툭 떨구다

배양목 병렬한 허리춤에
하늘 안고 싶은
여린 송이버섯
뽀얀 속살거림이

왁자하네

아직도
산바람의 마음 어진 주인
숲의 계절을 경영하나 보다

다시 찾은 길상사

는개비 걷힌 언덕
극락전 앞뜰
수천의 하얀 등이 줄지어 가득
하늘 구름이 되고
불경 소리 목탁 소리 구성진 파장波長 위로
불리어진 혼령들 붉은 연꽃잎으로 벙근다

홍화 빛 꽃무릇 피기 전
초록이 지천인 세상
폭넓은 바위 가득 넘치게
부서지는 별 별 별
시리도록 하얀 아사피륙 세계단 밟고
목교 아래로 떨어지는 계곡물은
자야의 맑긋맑긋 설운 눈물

절 입구의 성모상 닮은 석상
야위도록 사랑의 아픔을 보듬어 주었거니
수천만 사람들이
그대 앞에 등불을 켠 세월이거니
이제 고요의 가슴, 너른 바람으로
여울지는가

길상사 곳곳에서 배어나는 사랑 이야기
사랑에는 이유가 없다는 말이 솟구친다

낙화암에 서다

황포돛배 강물에 미끄러지는
바람에 실려
전설 품은 낙화암에 올라
내려다보니
강이 아니라 바다다

검붉어 더욱 깊어 보이는 물살
몸을 치마에 신지 않고는
도저히 뛰어내릴 수 없는
무거운 어둠

장송 한 그루 높은 가지에
까마귀 집 틀어 앉고
둘러싸인 잡목은 크지도 못하는 절벽
강바람 구름 따라 무심히 지나도
멍들어 잉잉 우는 산천초목
고란사 진혼의 종소리만
부딪혀 오는 메아리 길다

물결 따라 흐려지는 낙화암에
백제의 오열이
어렴풋이 보인다
로렐라이 언덕의 전설도
아련히 들린다

21시 시詩 꽃자리

정각 21시에 꽃 피는 소리
시 창작 단톡방 카톡 소리
톡톡 튀는 소리 따라 꽃이 핀다
어디서나 하던 일 멈추고
오로지 초침에 초집중
눈과 손놀림이 정확해도 필지 말지
초침 1분 치열함 속에 예약 완료

그 시간에 꽃 피워야만 하는 연유
알던 것도 잊혀지는 세월 늦둥이
선배를 따라가느라
무릎 다쳐도
저세상이 가까우니
시간이 촉박해서다

6·25 시절도, 로또복권 당첨된 것도 아니건만
식사했는지 안 했는지도 모르고
때로는 머리에 쥐가 나도
내친 자리 그 자리 21시 꽃자리

멋진 인연 있었기에 기쁜 마음으로
갈 봄 여름 없이 일주일 중 화요일

21시 꽃자리 여지없이
벚꽃 앵두 자두 살구 복사꽃,
시꽃이 핀다
카톡 카톡 톡 톡 톡

해거름 따라

산등선 너머에서
걸어 나오는 해 따라
어둠을 비집고 일어서는 사람들이
빗발처럼 쏟아지는 햇살 맞으며
활보한다

밭고랑 누비는
농기구 소리 분주한 한낮을 지나
빌딩 숲이 피로를 감지할 즈음
기우는 붉은 하늘 돌돌 말아
서둘러 빌딩 뒤로 숨는 해

나이테 돌고 도는 해거름 따라
고개 숙인 사연 붙안아
다독이던 사랑도 기울면
흙이 기억하는 직사각의 나무에
질펀히 누울 윤회의 마디를
열 손가락 피아노 건반 두드리듯
조목조목 짚어 볼거나

오해, 굿판으로 보내다

산 사람을 위해서도
굿판을 펼친다
오구를 불러들여 지노귀 길 가른다
오해를 풀자
초주검 된 마음을 풀자
용서의 문을 두드리자
수십 년간 우정을 나누던 친구야

멀리 하늘과 땅 닿을 때까지
길게 뻗은
비단필의 끝은 어디인가
오늘도 그 길 가르는 가위 소리 쏴~ㄱ
요란하게 울린다
온 천지를 흔든다

* 오구 : 다섯 가지 귀신들이 영향을 끼친다는 무당 굿
* 지노귀 : 죽은 사람의 혼이 극락으로 가도록 하는 굿

5

귀빠진 날

우연인지 필연인지
동아리 송년 모임과 나의 생일이 같은 날
일부러 맞추려 해도 맞춰지지 않을
신비로운 한 날

정겨운 관객과 함께
시 낭송 퍼포먼스 악기연주 노래와 춤
약 2시간의 공연을 하며
생일을 알려
축하의 갈채 속에
잊을 수 없는 생일 축전이 되었네

생각할수록 참 희한한 일
얼마나 인연이 깊었으면 이리 만났으랴
전생이 있다면 나 태어날 때 기쁨으로
축하해 주었던 분들이었겠지

남과 세상에 귀를 기울여
잘 듣고 살라는 뜻의 중요한 귀라네
미역국은 그 귀를 빼준
어머니께 드리는 음식
남의 말을 잘 귀담아 듣는 사람을

'귀엽다'라 한다네

이렇듯 만난
깊은 인연에게 못다 한 마음
두고두고 보은하리

사계四季를 반추하며

함박 눈송이 휘날려
신부의 다채로운 패션으로 다가서고
상고대 흐드러져 은하처럼 반짝이면
시작을 준비하는 새로운 율동이
'호두까기 인형'의 꿈을 꾸네

새싹을 부르는 남풍은
디지털 노마드
벌 나비가 꽃수술을 흔들면
희망이 벙글어
우주를 펼치네

소나기 잠재우는 무지개의 미소
무성한 숲은 허공에 캘리를 붓질하고
태양을 삼켰다 토해내는 파도는
세상 밖으로 비상하는
삶의 활력이 되네

순천만 습지의 칠면초가
홍자색으로 변하는 시간
단풍든 나뭇잎들 바람에 눕고
산과 들에 영근 열매

가슴 아팠던 기억을 읊조리네

사계의 고락을 짜 널어놓은 생이여
이제는 안온함에 취하여라

* 디지털 노마드 : 디지털 기기를 활용해 시간과 장소에 제약 없이 일하는 사람

그녀의 닉네임과 춤

건강 롤모델,
나풀나풀 나비 요정
날렵한 행위예술가
'나이야, 가라!'는 본명, 본 이름은 필명
그녀를 응원하는 과찬이 다양하게 이어지네

긴 스카프로 생명을 늘이는 혼의 몸짓
무엇에도 얽매이지 않는 자유자재의 춤사위
우아하고 귀여운 '이사도라 덩컨'의 모습이라 하네

애늙은이라 불리었던 어린 시절
약한 체질이어서 아무 데에도
도움이 되지 못했던 세월
쭈그렁 밤송이 3년 간다는 말도 들었었다네

춤의 감응은
심연이 아름다운 사람의 몫
어쩌다 무뎌진 감성을
그 춤이 촉발시킬 수 있다면
얼마나 좋으랴

진솔한 삶의 경이에 갈채를 보내며

춤으로 모두 함께
나누고 즐기고 누리고 싶다 하네

하여 오늘도 그녀는 허공 가득
긴 스카프를 펄럭인다네

* 이사도라 덩컨 : 미국 현대무용의 어머니. 혁명가. 스카프를 좋아하는 맨발의 춤

단 한 번이 열 번으로

일주일 전부터
줄줄이 이어지는
생일 축하 기념일

친우들과 식사
폰으로 온 '스타벅스' 축하 선물의 날들
동아리 송년 파티와 함께한 날

가족도 서로 바빠
당일 상관없이 어렵게 정한 날
'애슐리' 뷔페에 차려진 음식으로
손주들이 조합해 만든 케이크도 멋지고
주변에 '폐가 될라' 축하곡은 생략
맏손주는 기어이 불참했네

대면 비대면으로 만난 기념일이
생일 달 중 열 번
아직 남은 세 번은 다음 달로 이월하네

20이 네 번 지난 호랑이띠
80킬로로 달리는 세월에
한 해도 그리 많다는 것인지
헷갈려 터지는 웃음이 기껍다

핑크뮬리

감출수록 부풀어 오르는 사랑
솜사탕인 양 달콤한 보드라움으로
온몸을 적시는 황홀입니다

억새여도 사랑은 핑크빛
기다림의 마음이 힘겨워도
하염없이 들판을 달리는
애잔한 불꽃입니다

마음 받아줄 임을 그려
허공에 울부짖는 침묵의
붉은 함성입니다

어느 초여름 날

카톡 문자로 도착한 초대장
존경하는 님의 성정에
서슴없이 응하다

비로 샤워한 강남 공원의
청량한 설렘을 마시며
레스토랑 '리베르떼'로 들어서다

식탁 위의 예술
은빛 눈부신 불란서제
포크와 나이프, 냅킨
잔잔한 음률 함께
반색으로 맞아주는 님의 허그

배려의 깊은 미소
따스한 시향 풍기는 언어
소리 없는 갈채의 응원이
새삼 정겨워라

푸드페어링 7코스
와인잔의 수평선은 내려가고
취기는 올라오고

감미로운 상송이
심연에 녹아드는
우아한 힐링의
어느 초여름날을 그린다

불의 산, 관악

서울 남쪽에 우뚝 멈춘 불의 산
멀리 경복궁 태울세라
광화문 앞 해태 조각상 앉혔단다

달빛 내리는 밤엔 피가 돌아
미움, 아픔도 보듬는 사랑이라
한 번 눈짓에 불타는 철쭉의 향연
한 번 손짓에 단풍 들어 소금강의 황홀

효령, 양령, 의상, 원효의 득도에
열정과 노고가 깊었으리
산자락에 터를 잡은 배움의 전당
희망 품고 열정의 도전으로
하늘 사모의 마음 위로 오르는 염원,
조국 인재의 잠재된 힘에 지펴진 불꽃이
새날을 연다 우주를 편다

핑크빛 감옥

곤충이 모래톱에서
시지프스의 돌을 힘겹게 굴려 올리다

홍학의 떼가 날아 오가는
황홀한 정경
사람도 물 위로 띄우는 신비스러운
분홍색 물빛의 레트바 호수

호수 아래는 거칠고 사납다
소금의 소굴은 상처를 만들고
연고 아닌 본드를 발라야
물속에서 버틸 수 있는 삶

하루 14시간의 노동을 감내하며
하얀 죽음을 길어 올리는 청춘들은
그 핑크빛 호수에서
걸어서라도 고향에 가겠다고 한다

아름다운 지옥 가운데 한 점
아득히 배 떠 있고
순박한 검은 얼굴들이
내 망막에 클로즈업 된다

소박한 나들이

중3 손자의 원으로
디즈니랜드 100주년 기념작
애니메이션 영화 '위시'를 감상하다

단아하고 스피드한 인물들의 움직임
세련된 얼굴 표정
꿈결같이 화려한 색상
동식물이 의인화된 노래와 춤까지

'자신의 어려운 문제를 해결할 힘은
자신에게 있다'는 말
가슴에 안고 들어선
드넓은 식당

식탁 앞에 앉은 청춘들은
스크린에 가득 찬 씬이다

참신하게 뒤풀이 펼치려 찾아든
카페 '공차'의 은은한 음률에
차향 삼키며 대화 나누느라
창밖 풍경
저녁놀에 젖는 줄도 몰랐네

청려장은 외로워

신발장 한구석에
외로운 청려장

키 큰 명아주로 정성스레 만든
옹이진 고목인 양
멋지고 단단한 지팡이

울 아버지 아직 먼 백세에
딸에게서 받은 효심
신사 양복 중절모에 지팡이 짚고
찰리 채플린 같지 않냐시며
애견 '스피츠' 앞세워
공원으로, 양지로, 그늘로
또각또각 걷는 소리 명랑했지

어느 저녁녘 아버지 훌쩍 떠나시고
구석에 선 지팡이 볼 때마다
또각 소리 울리는 외로운 청려장

구절초

육이오 전쟁 피난길
엄마는 하루거리 앓는 나를
어느 집 외양간 마주 보는
툇마루에 뉘어두고
다시 데리러 오마 하셨지

벌건 저녁놀 가득 담고
껌벅껌벅 나를 보던
황소의 커다란 둥근 눈
무서워 울먹이며
기운 없어 흔들리는 다리 끌고
엄마 찾아 나선 산모롱 길

해맑게 반기던
엄마의 수틀 닮은 동그란 꽃
엄마의 얼굴 닮은 뽀얀 웃음꽃

해바라기 꽃씨

이른 봄 뜰에
꽃씨를 심었습니다
채송화 분꽃 나팔꽃 해바라기 꽃씨
씨의 크기 따라
얕게 깊게 더 깊게

봄비 지난 어느 날
앞다투어 솟아난
뾰족뾰족 귀여운 얼굴들

크고 두껍고 단단해
깊이 묻힌 해바라기 꽃씨
소식 없어 의아해하면서도
믿고 기다리니

뒤늦은 어느 날
육중하게 흙을 들치고
모자 속 얼굴로 빼꼼히
연둣빛 미소 지었습니다

반갑다 고맙다 애썼구나
저렇듯 늦트이는 인생에게
격려를 보냅니다

나비

초록이 흐르는 마로니에
바람은 소리 없는 휘파람
편한 대로
선 채로 시선 집중하는 사람들

뭇사람들이
퍼포먼스 시 낭송하는 나에게
나비같이 가볍게 춤춘댄다

무대를 주름잡는 춤사위
허공을 휘감는 긴 스카프
트리오페 리듬으로 펄럭이는 공원이
공중으로 떠오른댄다

나비 나비 나~비처럼 난다며
갈채로 나비를 만든 관람자들
마음 안 나비들이 벅차게 날아올라
뒤풀이 자리에서도 상찬이 출렁댄다

나비가 가벼운 날갯짓만 하겠는가
제왕나비 떼는 매년 이른 봄
여린 날개로

캘리포니아주와 멕시코를 떠나
대륙을 가로질러 북쪽으로
수천 킬로미터를 이주한댄다

이제 막 고치를 벗은
어린 날개일 뿐인 나는
제왕나비가 되는 꿈을 꾸고 있을까

너는 프록시마인

듬직한 목소리
“어머니 오늘은 어떻게 지내셨어요”
매일 퇴근길에 걸려온 안부
“컴퓨터는 낼모레 점검해 드릴게요”
약속을 남겨 놓고
흰 국화꽃밭에서 웃고 있는 너

보이지는 않고
마음으로만 선명해
일기장에 잠든 아들 모습 한 장 한 장 펼치면
떨어진 물무늬가 하염없이 번진다

서둘러 간 걸 보면
과거세 나의 부모였나보다

너를 닮은 어린것이 나를 위로하는구나
아빠는 아트센터 설계하러 별나라에 가신 거라며

이제 달력엔 기일만 남아 있는데
그날엔 밤하늘의 유성으로라도 만나지려나

붉은 칸나

나는 보았네
한 송이 붉은 꽃을 피우기 위해
얼마나 뜨거운 아픔이 있었는지를
마그마의 열기처럼 쏟아지는 햇살에
더욱 빛나는 선홍빛 웃음

나는 들었네
꽃 피운 후에도
얼마나 많은 두려움이 있었는지를
쓰나미처럼 밀려드는 빗발에
더욱더 찬연한 선홍빛 눈물

이제 나 알겠네
그 꽃이 왜 그리
매혹스레 다가왔는지를

한가위 2023

추석 전날 오후
'이케아'는 건물이 터질 듯
무리 지어 2층 쇼룸으로
밀려드는 사람들

집에서 전 부치는
시어머니, 며느님은
어디 있을까
상차림은 생략하는 걸까
AI가 해주는가
핵가족은 아예 모이지 않는가

어느 동네 스타벅스 가보자느니
노래방 가고 영화 보고 여행하고 싶다느니
마음도 명절과는 먼 것만 같네

길 건물 쇼핑한 물품들까지
밤 별보다 더 반짝이는데
시인도 하늘 쳐다볼 새 없이 등 떠밀리네

허공에 뜬 둥근 달님
외롭고 열 받아 불그레하네

자꾸 더 또다시

아무것도 생각나지 않는다
머릿속이 까맣다
아니 하얗다

신비롭고 아름다운
마음속 무지개
안간힘을 쓰며 떠올려 본다
서지 못하고 스러진다
다시 떠올린다
더 빨리 스러진다
자꾸 더 또다시

100번을 세우고 스러져도
101번을 세울 것

드디어
무지개가 서는 순간
새로운 푸른 하늘이
훈장처럼 열리리라

울엄니

지나간 한 세월이
저물도록 다가와서
울엄니 그리움에 눈물이 그렁인다

노심초사 지새우신 긴긴밤
먹감나무 속울음 품으시더니
꿈으로 소롯이 오시는 날
찔레꽃 하얀 웃음 웃으시네

그 모습 생전과 똑같아
그 웃음 너무나 애달파
찔레꽃 송이송이 가슴에 피워 놓고
섧디 서러운 울음 울었다

6

아기들은 어디에

세상 구경 하고픈
미래의 아이들
스스로는 구경할 수 없어
너무 갑갑하댄다

그리 많은 청춘 커플들
참 아름답기도 하지

지하철 안에서도 넘치게 정답고
빽다방 올리브영 다이소
어디서나
사랑꽃 피우느라
자정 시간도 아랑곳 않네

티브이 특집프로에서
기발한 아이디어 창출
휴가철 사찰마다 앞다투어
'나는 절로' 템플스테이를 펼쳐도

커플들 아직도
불안과 두려움이 앞서
반려동물과 AI에게
아기 자리 내어주는가

2024 한가위 연휴 몽타주

소리 요란하게 캐리어 달리는 토욜
이마트엔 카트 반 사람 반, 길은 없어지고
움직이지 못해 몸살 나다

무더위가 수리산 자락에 주저앉은 일욜
구입한 물품 펼친 에어컨 바람 앞에
엄마의 요리 강의와 수강 자녀들
강의실이 진지하다

외식의 날 월욜
안양 마녀 '아그네스'의 초대로
그녀의 주방 엿보니
모나리자의 몰골 앞 식탁 위 요리
해골 양송이, 금지된 숲의 독초, 마녀의 잘린 손가락,
여덟 쪽 해골 무늬 피자와
혈관 링거줄에 흐르는 붉고 푸른 음료수를
혈액처럼 차려놓다

한가윗날 성묘
모란공원 '맬로우247' 카페
빙수와 대추차로 조상과 담소하고
굽이굽이 설악 12굽이 돌아

이천 평화공원 뜰에서 활쏘기, 투호 놀이

다시 달리는 차 창 밖 구름의 변신은
후련하고 홀가분하게 펄럭인다

내일을 준비하는 수욜
톡 답신, 못다 한 인사말
구름 이미지로 전하다

너는 멀어져 가고

너는 멀어져만 가고
나는 울먹이기만 하네

별리가 벼락처럼 찾아왔어도
행여 너 다시 올 것만 같아
뭇사람에게
너 떠나간 일 숨기고 싶었지

수시로 가슴 옥죄이는 것은
다시는 만날 수 없다는 예고
미칠 듯 간곡한 심정이어도
붙잡지 못하는 나
잡힐 수 없는 너

너의 환영 파노라마로 출렁이고
내 슬픔 빙하 되어 무겁게 흔들리네

투명함조차 보이지 않는
투명한 벽
어처구니없는 생의 한계가
이렇듯 완벽할 줄이야

큰누나

금융계에 한 획을 긋고
정년 퇴임한 큰누나

서슴없이
동생들 배움의 뒷바라지며
크고 작은 일, 가장의 몫까지
거뜬히 해냈고 아직도
자금 필요하다면 내어주는 가족은행

낼 모래면 아흔 고개
보이스피싱 전화 걸려온 그 날
우거진 무서움에 집에 가지 못한 누나
손가락 사이 모래 흘러내리듯 빠지는 기운
아득히 멀어지는 기억력
'해님'이라는 별명의 인품에도
지진이 일어나는가

아기 안아본 일 없어
"너는 보석 있어 좋겠다"
처음 내게 한 그 말
"발걸음 무거워
잠깐 아무 데서라도
쉬어야만 다시 걸을 수 있다"는 말
내 가슴에 대못으로 박혔다

가을 서정

나뭇잎 푸르러도
햇살 기우는 나날
지나는 바람 소리 밟고
계절이 먼저 와 앉습니다

마음으로
높아지는 하늘
깊어지는 바다
달빛 서러워
구절초 흐드러지면
꿈조차 가을을
그윽이 들여다봅니다

마른 풀의 수런대는
이야기를 느끼시나요
고즈넉한 저녁놀의
하염없는 사연을 들으시나요
빈 하늘에 천둥 울리는
소리가 보이시나요
바위 속 불빛을
환히 밝히시나요

차마 못다 한 말 고인 가슴에
미리내로 흘러가는 별을 품으며
사랑하지 않았어도 그리운 님
소중한 가을 서정을
당신께 드립니다

먹감나무 한 그루

안양 묘역에 먹감나무 한 그루
가을이면 무성한 열매
낮에도 빨갛게 등불을 켠다

은빛 머리 성성하신 할머니
붉은 감이 꽃 같다 시며
감 가지 한아름 안고 서서

내년에도 감꽃은 또 피겠지
내년에도 이 감 다시 열리겠지

남편 보내고 자식 앞세우고
슬픈 어깨에 낙엽 얹혀도
가만히 계신다

감 가지 안고 그냥 서 계신다
붉은 감 보며 오래 서 계신다

가을 나무에 기대어

한 해의 나이테를 같이 하는 너
나는 세월을 잊고 살지만
너는 세월을 지키고 섰구나

너는 가을볕에 잎을
무성히 다채색으로 피워
허공을 찌를 듯 가릴 듯
모자이크 천정화를 그리고
풍성한 축전祝典일엔
거리에 병렬竝列해 서서
축복의 갈채를 보내준다

봄꽃보다 겸허한 단풍꽃 나뭇가지는
철새들을 보내고 맞으며
내 마음의 탄력彈力을 가늠하도록
진심을 심어주는데
시나브로 내려온 잎, 잎의 회전은
여운으로 세상을 덮는다

나는 단풍에 물들고
단풍은 가을에 눕고
너와 나는 오롯이 세월에 취해
계절과 일상을 윤회하고 있구나

단풍잎을 듣는다

산과 들 가로수들이
온통 화려한 걸 보면
잎은 모두 꽃이 되어 있더라
나뭇잎에서 들풀까지
늘푸른 것도 어우러져

환상의 환희 속에
외로움, 그리움, 기다림, 적막함
그 스산한 황홀을 바람이 몰고 와
꽃비로 쏟아지면
길은 꽃무늬 보료로 펼쳐지고
밟히면 서글피 부서지는 소리에
설렘이 인다

입체 영화의 거대한 풍광 속을 거니는 듯
착각에 빠지는 계절

한 장의 작은 잎새에서
한 생의 긴 이야기를 듣는다

달빛 시계

음 소거된 아우성으로 쉼도 없이
숫자가 세월을 업고
의연히 달리네

칼라 형광이 푸른 디지털 시계는
높은 곳에서 내려다보고 있어
밤이면 집안이 달밤이 된다

기계 소품을 좋아하던 남편이
시계 골목 시장에서
이사한 새집에 새로 사 온 기념품이다

잘 가는지 잘 맞는지 마음 쓰여
한밤중 잠 깨일 때도
꼭 한 번 쳐다보곤 했었지

아내가 가끔
외출이 늦어 동동거린다며
5분 빠르게 만져 놓았던
그 마음결이
오늘 밤도
달빛처럼 쏟아진다

닭 벼슬

싸리울 안마당
싸움 시작된 수탉
땅을 박차고 하늘 날 듯
둔한 날개 편다

내 부리는 화살, 너의 볏은 과녁
생의 벼랑 끝으로 밀고 밀리며
피 흘리고 피딱지 난만해
맨드라미꽃인 양 화려한 아픔이어라

더 뜨거울 수 없는 열정
막무가내로 핀 울 밖 계관화
작열하는 태양과 겨루려는 듯
타오르는 허공에
핏빛으로 토해내는 절정
어쩌지 못해
새까만 알갱이만 뱉는다

숨길 수 없는
찬연한 우울
처연한 축복이어라

바람의 춤

바람은 늘 어디서나
춤추고 싶어 한다
구름 나뭇잎과 파도를
밀고 당기고 흔들고 돌리면서
나름의 춤사위를 펼친다

세월은 덧없고
그리움마저 조여들면
바람은
품고 있던 드럼을
크고 작게 길고 짧게
굵고 가늘게
울린다

다시 깨어나는 그리움
내 마음의 날개에도
춤사위가 깃든다

차창 밖 스케치

이른 봄 길을 달린다
비탈길을 북으로
봄을 기다리는 산에는
바람이 마른 풀섶 가실가실 부비며 간다

산모롱이에 한 무더기 개나리
머리에 꽂은 리본처럼 앙증맞다
사각 창의 풍경은 낱장의 크로키
자작나무 숲언덕 흰 눈발 부르며
줄지어 달아난다

오밀조밀 앉은 집 둔덕에
몇 그루 어린 소나무
날씬한 몸매 솔잎들 정겹고
마을 지킴이
솟대인 양 미쁘다

산허리 헤집어 드러난 붉은 황토
연이은 비닐하우스는
햇빛에 반사되어
강물인 양 흘러간다

동해바다 떠밀리는 물살
바다 파랑 따라가면
새 세상 열리려나
지름길, 오르막길, 내리막길, 둘레길 돌고 돌며
달리다 멈추다 다시 흐르는
인생길을 달린다

지겄다 벚꽃

_소꿉친구 정현에게

정현아
봄이 왔다 벚꽃도 폈다
가없는 우주에 소꿉친구는 너와 나뿐
살 떨리도록 소중한 친구
눈물겹도록 애틋한 세월

그때 동네 공터
청산가리 드럼통 중 폭탄 맞은 두통
어린애들의 호랑이 할머니인 울 할마와
너의 씩씩한 둘째 오빠의 시신은 찾을 길 없고

산다는 것이
만남의 명치 끝에 맺히는
긴 이별인 것을

우리 언제 차 한 잔 할까
인사동 열시 꽃 카페에서
지란지교의 벗이 아닌들 어떠랴
너와 나 봄처럼 화사하게 살자꾸나
이별도 벚꽃처럼 하르르 그렇게

치자꽃 칠월

빛과 바람과 장미가
놀다 떠난 자리
6월의 강이
은빛 이야기를 품어 흐르고

큰 눈 뜬 태양이
푸른숲을 마실때
폭포소리에 화들짝 놀라
유백색 수줍음 머금은
치자꽃이 피었다

그 맑은 향은
즐거울 뿐이라는 눈짓
청아한 바람 소리 뒤로
팔월의 손을 잡기 전
뽀얀 꽃잎이
노랗게 변신을 꾀하는 시간

갈바람 불면 주황 열매
한 소쿠리 안겨주려는
치자꽃 향기로운 7월이 좋다

하루처럼

햇볕이 흘러 노을이 되는 동안
거미줄처럼 짜 늘인 일들
웃고 울기도 분주하다

빌딩 숲 유리 벽에 햇살이 뛰노는 한나절
늘 내일로만 달려
피카소 화풍에 기대인 채 끌려가는
잔치국수의 추억 묻은 가슴
웰빙 도시락 비운 뒤 카페라테 마시며
창밖 조화인 듯한 나뭇잎에
십오 분 시선을 얹고
떠오르는 기억을 반추해 본다

도랑물 실로폰 소리 낼 즈음
미풍에 흔들리는 바람꽃
바위 딛고 일어서는 모데미풀
미소로 꽃잎 열고
새들은 이슬을 쪼아 목을 축이며
명랑한 오카리나 소리 울려
날개 펴던 아침을

햇볕은 자꾸 따라와

서류 위에 눕고
컴퓨터 타자 소리 모니터에 까맣게 튀고
하나둘 빈 의자 돌 때
프리지아의 노오란 향 시들어
하루를 완성하는 이별로 간다
에셔의 판화처럼
이어지듯 끊기고 끊어지듯 이어지는
오르듯 내리고 내리듯 오르는
왼편인가 하면 오른편인 착시에
하루의 나날이 쌓인 일생

너 또한 그러하리

은빛 단풍

북에서 남으로
산에서 들로
나뭇가지 끝
양지바른 곳부터
오색 물감 뿌린 듯
비단을 펼친 듯
보카시의 대화인 듯
감탄을 자아내는
너의 붓질

오늘은 유난스레
앞이마에서
귀밑머리에서
머리카락 몇 올씩
무서리로 서리듯
흰 눈발 날리듯
기고만장한
망설임 없는
너의 붓질

기어이
내 심연으로
은빛 단풍 흩날린다

카메라가 담은 연꽃

멀리멀리 펼쳐져 하늘 닿은 관곡지에
가득 넘치는 군무
이슬 머금은 연꽃이 환호하네요

4k렌즈 필터 조리개 셔터가
손가락과 함께
수려한 율동으로 컷! 컷! 컷!
오토 포커스가 십방의 원무로
밀고 당기고 돌리고 맞추면
점점이 수많은 파문을 그리네요

기쁨에 겨운 꽃송이의 몸짓
은은한 향기에 취해

베토벤의 교향곡 제9번 '합창'
그 환희의 리듬으로
일렁이고 있네요

산벚꽃이 피는지요

창너머 뒷산에 소살소살
산벚꽃 피는 소리
걸음걸음 함께 취하던 꽃향기

먼 당신이 머무시는 별은
프록시마 별인가요

그곳에도 산벚꽃숲 무성한가요
지구처럼 푸른 잎이 파도치나요
별들의 아우성도 찬란한가요
빛 가득한 달도 따라오나요

행여 이 한밤
달빛 오솔길에 서서
이승의 그리움으로
하얗게 지새우지는 마셔요

꽃숭어리 흐드러지게 피는 계절
별 찾아 헤매는 이 가슴에
산벚꽃잎 하염없이 흩날립니다

평설

『푸른 벽돌 계단』을 읽으며

문학평론가 박정용

문학평론가 박정용

문학박사

※ 윤동주탄생기념문학상 심사위원장을
 10년동안 하고 있다.

※ APCC(아시아태평양문화센타47개국)
 한국지역문학책임자로 활동

※ 계간 문학시선 발행인으로 10년간 봉사

※ 울산광역매일신문 광역논단 필진 활동

다수의 소설의 발문과 시집평설을 하였음.

평설

1. 서론 – 예술이 시로 건너오는 순간

여명의 시간
여행의 향기 스미는 거리를
녹색 신호등 따라 건넌다

횡단보도의 무늬가 계단인 듯
장 오토니엘의
'푸른 벽돌의 강'이 파노라마처럼 펼쳐진다

바다 같은 강, 강 같은 바다가
쏟아져 내리며
환희로 몸부림하는 파도
벽돌 하나하나가 푸른 빛의 형광으로
반짝이는 물살
뭇 생물의 숨소리 들릴 듯
산호, 물고기 떼의 군무가
소용돌이치는 해저도 보일 듯

약동하는 삶의 모습 반추하며
인생 같은 여행, 그 활력소를
채우고 싶은 상념이
푸른 벽돌 계단에 물결친다
– '푸른 벽돌 계단' 전문

김명호 시인의 〈푸른 벽돌 계단〉은 장 미셸 오토니엘의 설치작품 〈푸른 강〉(Blue River)을 모티프로 삼아, 미술관 공간에서 체험한 시각적·신체적 감각을 언어로 재배열한 작품이다. 흥미로운 점은 시의 제목이 시집 전체의 제목이 되었다는 사실이다. 이는 이 시가 단순한 감상시를 넘어 시인의 전체 시학을 가리키는 상징적 표제시라는 점을 보여준다. 오토니엘의 푸른 강이 공간의 맥락에서 건축과 미술, 관람자를 이어주듯, 김명호의 시 또한 언어적 공간에서 독자와 예술, 그리고 삶을 이어주는 통로가 된다.

2. 장 미셸 오토니엘의 〈푸른 강〉 – 물질과 빛의 변증법

장 미셸 오토니엘은 유리라는 재료의 물성을 탐구하는 작가이다. 유리는 단단하지만 동시에 깨지기 쉬우며, 불투명과 투명의 경계를 넘나든다. 〈푸른 강〉은 이 모순적 물성을 가장 극적으로 드러낸 작품으로, 수천 개의 푸른 유리 벽돌을 이어 계단을 덮고 그 위로 빛을 흐르게 한다.

이 작품은 세 가지 층위에서 이해할 수 있다.

물리적 층위: 계단 위에 깔린 유리 벽돌은 실제 강이 아니지만, 공간을 따라 흐르는 하나의 가상적 물줄기로 작동한다.

심리적 층위: 관람자는 이 푸른 강을 걸으며, 자신의 움직임이 곧 강물의 흐름을 따라가고 있음을 체험한다.

신화적 층위: 전시가 '나르키소스 정리(The Narcissus Theorem)'라는 제목 아래 진행된 만큼, 이 강은 자기 성찰과 내면 반영의 장소로 기능한다. 관람자는 유리의 반짝임 속에서 자기 자신을, 그리고 삶의 흐름을 다시 바라보게 된다.

3. 시의 공간 변환 - '계단'이라는 은유

김명호의 시는 이 설치작품을 '계단'으로 번역한다. 계단은 단순한 건축 요소가 아니라 상징적 구조물이다. 오름과 내림, 시작과 도착, 삶의 층위를 드러내는 장소이다.

"여명의 시간 / 여행의 향기 스미는 거리를 / 녹색 신호등 따라 건넌다"

시인은 작품을 바라보는 순간을 '여행'으로 읽어낸다. 여행은 물리적 이동이 아니라 존재론적 체험이다. 녹색 신호등은 출발의 신호이며, 계단을 오르는 행위는 곧 새로운 인식으로 나아가는 행위이다.

특히 시에서 중요한 이미지는 '물살'과 '해저'다.

"벽돌 하나하나가 푸른 빛의 형광으로 / 반짝이는 물살"
"뭇 생물의 숨소리 들릴 듯 / 산호, 물고기 떼의 군무가"

이는 계단을 단순히 시각적 오브제로 머물지 않게 하고, 생명의 생태계로 확장한다. 오토니엘의 유리가 반짝이는 순간을 시인은 물살의 반짝임으로 전환하고, 그 물살 안에서 생명이 숨 쉬는 소리를 듣는다. 이로써 차가운 유리 오브제는 시인의 언어 속에서 따뜻한 생명공간으로 거듭난다.

4. 언어와 예술의 공명

〈푸른 벽돌 계단〉은 단순 묘사시가 아니라, 예술작품에 대한 언어적 응답이다. 시인은 작품 앞에서 멈추는 대신, 그것을 삶으로 끌어들이고, 다시 언어로 풀어낸다.

공간적 언어: 시는 계단–강–바다–해저로 공간을 확장하며, 오토니엘이 만든 '강'을 상상적으로 깊이 파고든다.

청각적 상상력: '숨소리', '군무', '소용돌이' 같은 어휘로, 독자는 작품 앞에서 듣지 못한 소리를 시 안에서 듣게 된다.

사유의 확장: 마지막 연은 이 경험을 '인생 같은 여행'으로 치환한다. 예술 감상은 곧 자기 성찰의 과정이며, 활력을 채우는 사건이다.

5. 예술-시-삶의 삼중주

이 시와 작품이 만나는 지점에서 가장 중요한 것은 삶으로의 회귀다. 작품은 미술관이라는 특정 공간에 머물지만, 시는 독자의 마음속에서 다시 강을 흐르게 한다. 김명호의 시는 오토니엘의 설치작품을 언어적 강으로 바꾸어, 독자가 언제든 마음속에서 그 강을 건널 수 있게 한다. 이때 시는 단순 감상이 아니라 실천적 체험으로 변한다.

6. 결론 - 푸른 계단을 오르며

장 미셸 오토니엘의 〈푸른 강〉이 빛과 유리로 만든 물길이라면, 김명호의 〈푸른 벽돌 계단〉은 그 물길을 언어로 옮겨온 시적 강이다. 두 예술가의 작업은 서로 다른 매체에서 공명하며, 우리로 하여금 예술을 통해 다시 삶을 성찰하게 한다.

푸른 벽돌 계단을 오르는 일은 곧 삶을 오르는 일이다. 계단의 빛은 오늘을 견디는 힘이자 내일로 나아가는 희망이다. 그 위에 서 있는 순간, 독자는 미술관의 관람객을 넘어 자기 생의 여행자가 된다.

■ 서문

김명호 시인의 시집 『푸른 벽돌 계단』은 회화와 음악, 자연과 사회, 사랑과 죽음, 그리고 일상의 사소한 순간까지를 한 권 안에 공존시키는 시적 아틀리에다. 그 세계에는 청명한 푸른빛의 강이 흐르기도 하고, 가을빛이 스민 골목이 열리기도 하며, 바다와 별빛이 맞물린 밤이 펼쳐지기도 한다. 그러나 그 모든 장면은 언제나 '사람'—사랑하는 이를 향한 그리움, 부부의 고요한 배려, 세대와 공동체가 나누는 호흡—을 중심에 둔다.

특히 주목할 대목은 남편을 향한 애도와 부부 서정이 이 시집의 심장처럼 맥동한다는 점이다. 「산벚꽃이 피는지요」에서 시인은 남편의 부재를 별빛과 꽃의 계절성에 겹쳐 놓아, 사적인 상실을 우주의 질서 속에 안치한다. 그리움은 울음과 체념, 그리고 조용한 위로로 변주되며, 결국 독자에게도 '다시 피는 기적'처럼 다가온다. 또한 「이룰 수 없는 치킨 런」에서는 날 선 사회적 고발 속에 부부의 식탁이 포개진다. 퇴근길 치킨 한 마리를 먹으며 나누는 짧은 대화 속에, 서로의 피로와 하루의 무게를 알아주는 눈빛이 깃든다. 희생과 소비, 사랑과 고단함이 한 접시에 담긴 이 장면은, 시집 전체가 품은 인간적 온기를 압축적으로 보여준다.

김명호 작가의 시는 사회적 발언과 개인적 서정이 정교하게 얽혀 있다. 명절의 몽타주, 인력시장의 풍경, 애월 바다의 물빛, 만다라 블루의 심연 같은 장면들은 현실의 질감을 그대로 안으면서도, 색채와 리듬으로 재구성된다. 그는 일상과 예술, 현실과 이상, 사랑과 죽음 사이의 경계를 허물며, 독자를 그 경계선 위로 이끌어 올린다.

『푸른 벽돌 계단』은 결국, 한 사람의 시인이 평생 걸어온 계단이자, 그 계단 위에 새겨진 빛과 그림자의 연대기다. 이 시집을 읽는 일은, 그 계단을 함께 오르내리며—푸른빛 물결과 함께—우리 자신의 사랑, 상실, 그리고 아직 다 닿지 않은 꿈들을 돌아보는 여행이 된다.

시집 내용 중 열한 편을 선택하여 평설했다.

■ 나실리의 우담화

"나실리의 우담화"는 시간과 기억, 그리고 시적 전통을 꽃의 형상에 겹겹이 포개어 놓은 작품이다. 우담화優曇華는 삼천년에 한 번 핀다는 신화적 꽃으로, 불가에서 희귀성과 성스러움을 상징한다. 시인은 이 전설적인 꽃을 '고故 J시인의 시 축제'와 연결함으로써, 한 시인의 생애와 시정신이 남긴 흔적을 '삼천년의 기다림'에 견주어 기념한다.

작품의 초반부는 '짧은 파이프'와 '고故 J시인'이라는 구체적 장면으로 독자를 불러들이며, '자부의 지성'이라는 표현으로 고인을 기리는 후학 혹은 동인의 자세를 드러낸다. 이때 '5월 나실리 시혼의 숲'이라는 구절은 시인의 정신이 깃든 장소를 계절감과 함께 선연히 제시하며, 기억의 공간을 풍경화처럼 그려낸다.

중반부에서 '효심을 신독했는가'라는 물음은 시적 대상에 대한 내면의 경건한 태도를 암시한다. '푸른 하늘 흰 구름꽃'은 시인의 생전 이미지를 담아낸 상징물이며, 그것은 삶과 죽음의 경계를 넘어 이어지는 시정詩情의 흔적이자 생명의 잔광처럼 느껴진다.

후반부의 '먼 시간 돌아와 / 환희로 파도치는 시인의 숨결'은 시간의 순환 속에서 시인의 혼이 다시 살아나는 순간을 묘사한다. '시향에 젖은 마음밭에 / 우담화로 피어난다'는 결말은 시를 읽는 현재의 우리가 이미 그 귀한 개화를 목도하고 있음을 선언한다.

김명호의 언어는 함축적이면서도 겹겹의 상징을 품고 있다. '우담화'는 단순히 꽃이 아니라, 시인의 존재와 작품, 그리고 그것을 기억하고 계승하는 독자의 마음 속에서 다시 피어나는 시혼詩魂이다. 이 시는 한 사람의 시인을 기리는 추모시이자, 시를 읽고 쓰는 모든 이들에게 주어진 '기억의 의무'를 고요하지만 힘있게 환기한다.

■「울트라마린 블루 상춧잎」

평범한 채소의 잎사귀를 고유한 색채의 영역으로 끌어올리며, 일상 속 사물이 지닌 잠재된 아름다움을 발굴해 낸다. 울트라마린 블루는 바다와 하늘의 심연을 닮은 고유의 푸른빛으로, 환상과 치유를 동시에 품는 색이다. 시인은 이 색을 상추잎에 입히겠다는 발상에서 출발해, 채소와 꽃, 물과 웃음을 자유롭게 교차시킨다.

유리병과 유리컵 속에 담긴 상추꽃잎과 맑은 물, 이를 둘러싼 아이들의 환성歡聲은 시적 공간을 한층 투명하게 만든다. 이어 '고흐의 해바라기꽃'이라는 예술적 인용을 통해 상추꽃잎을 새로운 회화적 장면으로 변모시키며, 웃음과 색채가 번져가는 모습을 그린다.

결말에서 시인은 그 웃음이 온 누리에 퍼지고, 먹구름 물든 가슴에도 피어나기를 기원한다. 이는 색채를 매개로 한 위로와 회복의 서사다. 결과적으로 이 작품은 현실과 상상이 겹쳐지는 경계 위에서, 사소한 사물에 감각과 의미를 부여하는 색채시의 정수를 보여준다. 울트라마린 블루는 여기서 단순한 색을 넘어, 생의 어두움을 덮고 빛을 회복하게 하는 시적 부호가 된다.

■「애월 바다」

시「애월 바다」는 한 편의 시적 풍경화이자, 감각의 심연을 울리는 청각적·시각적 교향곡이다. 이 시에서 바다는 단순한 배경이 아니라, 시간과 감정이 교차하는 거대한 스크린으로 작동한다. 시인은 '다인오세아노' 앞바다를 통해 회색의 우울을 걷어내는 과정을 정교하게 묘파하며, 바다의 색과 결을 세밀하게 스케치한다. '에메랄드 물빛'과 '첼로 음률' 같은 비유는 시각과 청각을 동시에 자극하며, 독자를 파도의 호흡 속으로 끌어들인다.

시의 중심에는 '꼭 만나야 할 누가'에 대한 절실함이 놓여 있다. '모래 벌의 소라게'라는 이미지에서 읽히는 것은 단순한 그리움이 아니라, 기억을 품고 있는 사물의 생생한 감촉이다. 이러한 감각적 환기는 단순한 풍경시를 넘어, 개인적 서사의 층위를 형성한다.

특히 '야자수 이파리'와 '풀빌라 풀'로 이어지는 후반부의 전환은, 시선을 먼 바다에서 다시 가까운 휴식의 공간으로 옮기며 시적 호흡을 완결한다. 그러나 그 휴식 또한 완전한 안식이 아니라, 여전히 '회색의 우울'을 걷어내려는 몸짓 속에 있다. 이는 시인이 포착한 애월의 바다가 단순한 관광지가 아니라, 마음의 무게를 덜어내고자 하는 내면적 장소임을 드러낸다.

김명호의 바다는 이처럼 현장감과 상징성이 교차하는 공간이다. 그는 대상의 외형을 그리는 동시에, 그 속에 잠긴 감정의 결을 끌어올린다. 「애월 바다」는 여행의 기록이자, 마음의 파문을 기록한 시적 일기이며, 그의 시 세계가 지닌 서정적 밀도를 잘 보여주는 작품이다.

■「하루처럼」

시 「하루처럼」은 일상의 시간성을 섬세한 시선으로 포착한 작품이다. 시인은 '햇볕이 흘러 노을이 되는 동안'이라는 시간의 물리적 흐름 속에, 삶이 품은 희로애락과 그 질감을 '거미줄처럼 짜 늘인 일'이라는 촘촘한 이미지로 응축한다. 일과 웃음, 울음이 하루의 구조 속에서 번갈아 배치되는 이 리듬은, 개인의 삶이 반복과 변주를 통해 형성된다는 사실을 환기시킨다.

도시의 풍경은 빌딩숲, 카페라테, 실로폰 소리, 모데미풀과 같은 구체적이고 감각적인 사물들을 통해 그려진다. 이들은 단순한 배경이 아니라, 주체의 내면 풍경과 교차하며 삶의 장면을 구성하는 매개로 작동한다. '피카소 화풍에 기대인 채 끌려가는 / 잔치국수의 추억'과 같은 절묘한 결합은, 과거와 현재, 감각과 감정이 뒤섞이는 복합적인 시간감을 드러낸다.

이 시의 중심부에서는 '햇볕'이 반복적으로 등장한다. 이는 하루를 이끄는 시간의 상징이자, 일상을 따라다니는 의식의 빛이다. 햇볕이 서류 위에 놓이고, 컴퓨터 모니터에 반사되는 장면은 현대인의 노동과 생의 패턴을 시각적으로 응축한다. 이어지는 '프리지아의 노오란 향'과 '이별'의 연결은, 하루라는 완결된 단위가 결국 작은 이별의 반복임을 암시하며, 생의 무수한 단절과 연속을 동시에 체감하게 한다.

마지막 연에서 시인은 '오르듯 내리고 내리듯 오르는' 시간의 파동을 왼편과 오른편의 착시로 은유한다. 이는 마치 지루하게 반복되는 일상 같지만, 그 속에서 미묘하게 변화하고 누적되는 생의 무늬를 드러낸다. '너 또한 그러하리'라는 종결부는 독자에게 이 리듬과 패턴을 공유시키며, 개인적 체험을 보편적 감각으로 확장한다.

「하루처럼」은 시간과 일상을 다루면서도, 단순한 기록에 머물지 않는다. 반복 속에서 피어나는 감각의 색채와, 그 색채가 스스로 소멸하며 다시 태어나는 하루의 구조를 보여준다. 김명호의 시선은 도시적 감수성과 서정적 정밀함을 동시에 지니며, 독자로 하여금 자신만의 하루를 반추하게 만드는 힘을 발휘한다.

■ 푸른 벽돌 계단

시 「푸른 벽돌 계단」은 여행의 시공간을 예술적 심상과 교차시키며, 한 미술 작품이 열어주는 내면의 항해를 섬세하게 그려낸 시다. 서두의 "여행의 향기 스미는 거리"와 "녹색 신호등"은 시작의 설렘과 길 위의 초록빛 신호를 은유하며, 곧 장 오토니엘의 작품 〈푸른 벽돌의 강〉으로 시선이 이끌린다.

시인은 계단을 단순한 건축적 구조물로 머물게 하지 않고, "횡단보도의 무늬" 같은 반복과 리듬 속에 '강'과 '바다'의 물결을 포개어 놓는다. 그 푸른빛은 차갑지 않고, 물살처럼 유영하며, 형광처럼 발광하고, 산호와 물고기떼의 생명력을 품는다. 이러한 묘사는 관람자의 시선을 단순히 색채에

고정시키지 않고, 해저의 숨결과 파동까지 끌어올린다.

"뭇 생물의 숨소리"와 "소용돌이치는 해저"는 작품 속 깊이 스며든 생태적 상상력을 드러내며, 보는 이를 마치 물속 유영자처럼 몰입하게 한다. 계단 위에서 아래로, 혹은 아래에서 위로의 오르내림은 시간의 층위를 오가는 행위이자, 삶의 여정을 더듬는 은유로 확장된다.

종결부에서 시인은 이 계단 앞에 선 한 인간의 '상념'을 "인생 같은 여행"으로 환원하며, 그 속에서 공허를 메우고자 하는 열망을 읽어낸다. 이는 곧 예술 작품이 관람자의 내면에 불어넣는 사유의 힘, 그리고 일상의 흐름을 넘어서는 감각의 장을 증언한다.

〈푸른 벽돌 계단〉은 여행과 예술, 그리고 존재의 시간을 하나의 푸른 파동으로 묶어낸 시다. 독자는 이 작품을 통해 미술관의 차가운 전시장을 벗어나, 바다와 강, 그리고 우주의 깊은 심연까지 발걸음을 옮기게 된다. 그 발걸음 위에는 빛과 물결, 그리고 아직 채워지지 않은 삶의 결이 부드럽게 내려앉는다.

■「만다라 블루」

김갑진 화백의 '만다라 블루' 연작 속 울트라마린 블루는 단순한 색채를 넘어, 하늘과 바다, 우주를 함축하는 상징으로 기능하고. '바늘 같은 붓끝이 / 엄청난 눈발처럼 날리는 빛선을 쌓으며'라는 구절은, 색채가 시각적 감각을 넘어 촉각적·청각적 경험으로 전이되는 순간을 포착한다. 초승달, 블랙홀의 호흡, 둥근 소리선 등은 모두 원형과 순환, 생성과 소멸의 상징으로 얽히며, 만다라가 지닌 내적 구조를 은유적으로 잘 드러내고있다.

3차원, 4차원의 시공을 넘나드는 서술은 물리적 공간의 한계를 지우고, '우주를 품은 모래알'이라는 역설적 이미지를 통해 미시와 거시가 합일되는 깨달음의 순간을 제시하고 이 과정에서 '마음 속 맑은 향기'는 시각예술이 심연의 정서와 정신세계까지 진동시킬 수 있음을 암시한다.

후반부에서 '밤하늘의 별이 꽃밭을 이루고 / 마당의 꽃들이 별밭을 만든다'는 구절은 하늘과 땅, 자연과 인간의 경계가 사라진 경이의 상태를 보여주고있다. 이는 회화적 감동이 단지 눈의 경험에 그치지 않고, 세계에 대한 인식의 전환으로 이어짐을 의미한다. 마지막에 인용된 카를 구

스타프 융의 말, “밖을 바라보는 자는 꿈을 꾸고 / 안을 바라보는 자는 깨어난다”는, 시 전체를 꿰뚫는 주제—즉, 예술을 통한 내면의 각성과 성찰—을 명징하게 결론짓는다.

결국 이 시는 ‘만다라 블루’라는 회화 작품을 매개로, 시각적 체험이 어떻게 영적 각성과 철학적 사유로 확장될 수 있는지를 고급스럽고 유려하게 형상화한 예술비평이자 시적 명상문이라 할 수 있을것이다.

■ 산벚꽃이 피는지요

이 시는 표면적으로는 산벚꽃이 피는 계절을 노래하지만, 그 꽃의 계절을 통해 떠나간 남편을 그리워하는 깊은 애틋함을 품고 있다.

산벚꽃은 ‘지금 여기’에서 피지만, 시인의 시선은 ‘먼 당신이 머무시는 별’까지 뻗어간다. 그 별이 프록시마인지, 혹은 저승인지, 과학적 명칭과 우주적 이미지를 덧입히며 사랑하는 이를 잃은 마음을 은유하고 있다.

이 시에서 인상적인 점은 ‘산벚꽃’과 ‘별빛’이 교차하는 방식이다. 산벚꽃은 해마다 돌아오지만, 그 꽃을 함께 보던 사람은 이제 없다는 부재의 역설이 시 전편을 흐르고 있다. 반면 별빛은 여전히 머물러 있지만, 그 빛이 닿는 데 걸린 시간만큼 이미 '지나간 존재'의 흔적일 수 있다는 우주적 슬픔을 품고 있다. 그래서 산벚꽃은 현재의 시간, 별빛은 과거의 시간으로 대비되며, 이 둘이 만나는 지점에서 시인의 애도는 한층 깊어진다.

후반부로 갈수록 시인의 정서는 절제된 슬픔에서, 계절의 풍경 속에 스며드는 체념과 수용으로 옮겨가며. "이승의 그리움으로 / 하얗게 지새우지는 마세요"라는 대목은, 마치 남편이 하늘에서 건네는 위로처럼 들린다. 하지만 곧 이어 "별 찾아 헤매는 이 가슴에 / 산벚꽃잎 하염없이 흩날립니다"에서, 그 위로마저도 결국 산벚꽃의 눈부신 허무로 돌아오고 있다. 봄날 꽃눈이 부서지는 것처럼, 그리움은 형체를 붙잡지 못한 채 흩날리는 것.

이 시는 단순한 추모시를 넘어, 사랑과 죽음, 시간과 우주를 하나의 시선에 담아낸 작품이다. 시인은 '남편의 부재'를 '별의 거리'와 '꽃의 계절성' 속에 겹쳐 놓으며, 개인적 슬픔을 우주적 질서 속에 안치하고 있다. 그래서 읽는 이는 한편으로는 봄 산벚꽃의 화사함을, 또 한편으로는 그 꽃잎 뒤에 숨어 있는 무한한 허무와 고독을 함께 느끼게 된다.

마지막까지 시인의 마음은 산벚꽃처럼 흩날리지만, 그 흩날림 속에서 오히려 남편과의 기억이 '다시 피는' 기적을 품고 있다. 그것이 바로 이 시의 애틋함이자, 조용한 위로의 힘이다.

■ 2024 한가위 연휴 몽타주

시 「2024 한가위 연휴 몽타주」는 현대인의 추석 풍경을 파편적이면서도 입체적인 이미지로 엮어낸 한 편의 생활 시네마다. 시인은 '이마트 카트'와 '에어컨 바람'에서 '모나리자의 몰골'과 '마녀의 잘린 손가락'까지, 일상과 비일상의 경계를 자유롭게 넘나드는 감각적 전환을 통해, 명절의 시간과 공간을 다층적으로 포착한다.

첫 연의 '소리 요란하게 캐리어 달리는 토욜'에서 독자는 곧바로 번잡한 도시의 명절 전야에 진입한다. 여기서 '길은 없어지고 / 움직이지 못해 몸살'이라는 구절은, 귀향과 소비, 이동과 정체가 혼재된 현대 명절의 역설을 응축한다.

이어지는 '엄마의 요리 강의'와 '수강 자녀들'의 장면은 가정 내 전승과 세대 간의 온기를 묘사하는 듯 보이지만, 그 배경에는 이미 상품화된 공간과 냉기 어린 에어컨 바람이 깔려 있어, 따뜻함과 소외가 교차한다.

중반부의 '외식의 날 월욜' 단락은 환상과 기호가 결합된 몽타주적 장면이다. '모나리자의 몰골', '마녀의 잘린 손가락'과 같은 기이한 이미지들은 명절의 식탁을 단순한 음식의 자리가 아니라, 문화적 상징과 기묘한 서사의 무대로 바꾼다. '붉고 푸른 음료수'가 '혈액처럼' 흐르는 장면은, 즐거움 속에 스며든 불안과 기묘한 생동을 동시에 느끼게 한다.

후반부에서는 '성묘'와 '모란공원', 그리고 '이천 평화공원'의 활쏘기와 투호놀이로 이어지며, 전통과 현대, 기념과 놀이가 병치된다. 그러나 이러한 풍경도 '후련하고 홀가분하게 펄럭인다'는 차창 밖 구름처럼, 순간적이고 덧없는 스냅샷으로 스쳐간다. 마지막 연의 '톡 답신, 못다 한 인사말'과 '구름 이미지'는 디지털 시대의 명절 인사를 상징하며, 실제적 교류 대신 이미지와 짧은 메시지가 관계를 대신하는 세태를 은근히 비춘다.

이 작품은 명절이라는 공동의 시간 속에서, 각 개인이 체험하는 장면들을 고해상도의 감각 이미지로 병렬 배치하며, 전통적 풍습, 소비문화, 환상적 상징, 디지털 소통이 뒤섞인 '동시대 한가위'의 정서를 생생하게 기록하고 있다. 시인은 그 모든 장면을 감상적 회고 대신, 관찰자의 거리감과 몽타주의 리듬으로 포착함으로써, 오늘의 명절 풍경이 지닌 복합성과 변질, 그리고 그 속의 새로운 미학을 제시한다.

■ 별의 밤바다

시 「별의 밤바다」는 파도와 별빛이 직조한 서정의 장면 속에서 사랑과 기다림의 정조를 절묘하게 담아낸 작품이다. 시의 첫머리, "파도가 자맥질하는 / 물결소리 찰랑찰랑"이라는 청각적 리듬은 독자를 단숨에 밤바다의 심연으로 이끈다. 파도 소리를 '콘서트의 울림'으로 비유한 대목은 바다를 단순한 풍경이 아닌 감각의 무대로 승화시키며, 이 울림 속에서 화자는 꿈결 같은 몰입을 경험한다.

이어지는 연에서는 바람, 별빛, 조가비가 연쇄적으로 등장한다. "쏟아질 듯 별떨기 반짝반짝"과 "모래펄에 조가비도 반짝반짝"이라는 병렬적 묘사는 시각적 반짝임을 반복시키며, 그것이 '임이 오신다는 전갈'로 변모하는 순간, 자연은 곧 사랑의 징후가 된다. 바다는 단순한 배경을 넘어, 사랑이 도래하는 현장으로 자리 잡는다.

마지막 연에서 감정은 절정에 이른다. '바다만큼의 눈물'이라는 과장된 비유는 그리움의 깊이를, '오로라처럼 일렁이는 가슴'은 설렘의 확장을 상징한다. 그리고 "별이 쏟아지는 / 밤바다로 오세요"라는 초대의 문장은, 시 전체를 통해 축적된 감정의 에너지를 정점에서 해방시키며 독자를 그 세계로 끌어들인다.

이 작품의 미학은 청각·시각·촉각을 고르게 아우르는 감각의 밀도와, 자연현상을 사랑의 은유로 정교하게 변환하는 상상력에 있다. 화자는 단순한 관조자가 아니라, 바다와 별빛, 사랑이 한데 어우러진 무대 위에서 주체적으로 존재한다. 그로 인해 시는 정적인 풍경 묘사를 넘어, 감정과 자연이 동시적으로 진동하는 서정의 진경眞境에 도달한다.

■ 춤, 각자의 스텝

시 「춤, 각자의 스텝」은 현실과 가상의 경계, 세대와 세대, 육체와 정신의 교차 지점을 춤이라는 매개로 엮어낸 시적 드라마다. 시는 10분 남짓의 영상으로 시작해, 농부의 얼굴과 굳은 관절, 그리고 몸짓을 통한 해방의 순간을 그려낸다. 여기서 춤은 단순한 예술 행위가 아니라 삶의 궤적과 시간을 압축한 존재론적 몸짓이다.

'사의 찬미'의 음률과 함께 무대 위 20쌍의 춤꾼이 등장하고, 초대된 100명의 관객이 '선재 아트센터'의 벽을 무너뜨린다. 이는 물리적 벽의 붕괴가 아니라, 예술이 가진 사회적 경계를 허무는 상징적 장면이다. 시인은 무대와 관객석의 경계를 지워내며, 춤과 음악이 이루는 일시적 공동체를 제시한다.

특히, '멘토와 쌍으로 짝지어진 70대의 시니어'가 등장하는 대목은 이 시의 백미다. 그들의 관절은 '마음처럼 움직이지 않아도' 여전히 멋지다. 이 구절에서 시인은 청춘의 생동감을 넘어, 시간과 신체의 굴레를 초월한 존엄한 아름다움을 길어 올린다. 이어지는 'AI의 리듬', '메타버스의 시간'이라는 미래적 장치와 '꽃잎 같은 손'의 이미지는, 전통과 첨단, 인간과 기술이 한 무대 위에서 공존하는 역설적 조화를 드러낸다.

마지막 연에서 '황홀경의 불꽃'과 '젊은이와 외국인들의 흥'은 무대를 다시 혼돈과 축제의 장으로 만든다. 여기서 시인은 춤이 세대를 넘어, 국경을 넘어, 인간 존재의 가장 원초적인 기쁨과 해방으로 귀결됨을 보여준다.

결국 이 작품은 춤을 통해 인간의 몸과 정신이 어떻게 기억을 품고, 경계를 해체하며, 새로운 세계로 향하는지를 섬세하게 그린 시적 보고서다. 육체의 한계와 기술의 무한함, 과거와 미래, 개인과 공동체가 어우러지는 '각자의 스텝'이야말로, 오늘날 우리가 목도하는 예술의 확장된 풍경이자 인간 존재의 근원적 축제임을 이 시는 고혹적인 문체로 증명하고 있다.

■ 이룰 수 없는 치킨 런

이 작품을 읽으면 동물의 희생과 산업 시스템을 고발하는 사회시처럼 다가온다. '팔한지옥', '갖가지 양념', '소형 기름통' 같은 날 선 표현은 닭이 살아온 고통과 죽음 이후의 무참한 소비를 가감 없이 드러낸다. 그러나 이 시를 조금 다르게 바라보면, 기름 냄새 나는 치킨 한 접시 위에 부부의 서정이 겹쳐진다.

퇴근길에 문득 사온 치킨 한 마리. 뼈와 살, 기름 냄새 속에 스며 있는 것은 단순한 음식이 아니라 하루를 버텨낸 이의 숨결이다. 말은 많지 않다. 그저 "먹어.", "맛있네."라는 짧은 대화 속에, 서로의 피로와 애씀을 알아주는 시선이 있다. 시 속의 닭이 '죽음 뒤에까지 철저한 희생'을 치른 것처럼, 부부도 각자의 삶에서 몸을 덜어내며 상대의 그릇을 채운다.

이 평범한 식탁은 사회의 축소판이다. 산업의 효율성과 대량 소비의 편리함 뒤에는 언제나 누군가의 희생이 있고, 그 희생이 은폐된 채 일상이 굴러간다. 우리는 소비자이면서 동시에 누군가를 위해 몸을 내어주는 존재다. 부부의 삶도 이와 닮았다. 드러나지 않지만, 매일의 밥상과 사소한 배려 속에 수많은 양보와 인내가 깃든다.

김명호 시인의 시는 이렇게 사회적 현실과 개인적 정서를 절묘하게 포개 놓는다. 닭의 삶을 응시하는 냉정한 시선과, 그 고기를 건네받는 따뜻한 순간이 한 식탁 위에서 공존한다. 결국 이 시가 건네는 메시지는 단순한 고발이나 연민이 아니다. 그것은 우리 모두가 누군가의 희생 위에서 살아가고 있다는 깨달음이며, 그 깨달음을 일상의 사랑으로 갚아내야 한다는 다짐이다.

그래서 이 시를 읽고 난 뒤, 우리는 아마도 치킨의 뜨거운 살점을 뜯으며 서로를 바라보게 될 것이다. 고단한 하루를 버텨낸 두 사람, 그리고 그 하루를 가능하게 만든 보이지 않는 존재들에게, 묵묵히 감사하는 마음으로.